महापजापती गोतमी

マハーパジャーパティー

最初の比丘尼

シヨバ・ラニ・ダシユ◉著
福田　琢◉訳

法藏館

ワット・テープティダラムのマハーパジャーパティー像

邦語訳への序

大谷大学名誉教授　小谷信千代

ショバ・ラニ・ダシュ博士の『マハーパジャーパティー　最初の比丘尼』（*Mahāpajāpati—The First Bhikkhunī—*）は、題名の示すように、仏陀世尊の養母であり女性教団（比丘尼僧伽）の創始者であるマハーパジャーパティーの生涯を、初期仏典の記述の中に克明に追求した好著である。比丘尼僧伽の創始者という重要な人物であるにかかわらず、その生涯全体を考察した書を筆者は不敏にして知らない。本書が、初期仏典に造詣の深い福田琢教授という最適の人を得て翻訳され、出版の運びに至ったことは誠に慶賀の念に堪えない。

著者は女性の立場から、長年パーリ語や漢訳に伝わる経典や律典を用いて、「女性と仏教」という課題に取り組んでこられた。本書には、その考察のための一資料として取り上げられた、マハーパジャーパティーの出家にまつわる問題をはじめ、女性修行僧（比丘尼）の惹起するさまざまな事件と、それに対応して律が制定されていく過程に関する伝承、さらには本書の圧巻ともいうべきマハーパジャーパティーの逝去（般涅槃）と葬儀の執行などの様子が、それぞれ単一の資料ではなく、幾つかの伝承を示す資料を引き合いにして説明されている。それらの説明においてダシュ博士は、常に個人的な脚色を一切排除し、テキスト資料に基づくことに努めておられる。その抑制のきいた説明のお陰で、われわれは初期教団の僧たちの生活の有様をいま能う限りの身近さにおいて知ることができる。本書を初期教団の形態を理解する一助として広く推薦したいと思う所以である。

博士の抑制された記述は巧まずしてわれわれに深い感動を与える。それは、世尊の逝去を予知し、その悲しみに堪えられずに世尊より先に入滅することを願い出る母としてのマハーパジャーパティーと、その気持ちを理解し、それを黙認する息子としての世尊との間で取り交わされる会話の紹介からも感じられる。葬儀の段取りや儀式の執行に際して世尊がマハーパジャーパティーのために講じたさまざまの配慮は、現在の葬儀においてわれわれが親を見送るために考える事柄と本質的に異ならず、世尊の子としての心遣いに感銘せずにはおられない。

阿含経典には、世尊がヤシャ将軍に「私は葬礼を行ない、遺骨を祀りたい」との旨を表明して葬儀に取りかかり、自らマハーパジャーパティーを納めた輿の一脚を担い、残りの三脚の一つをまず彼女の実子であるナンダが、残る二脚を世尊の実子ラーフラと従兄弟のアーナンダが担った、と説かれる。律典にはナンダ、アーナンダ、アニルッダ（世尊の従兄弟）、ラーフラが棺を担い、世尊は右手をそれに添えて歩んだと記される。記述に多少の相違はあるが、死者の近親者が棺の搬送に係わるという考え方は共通している。おそらくこれらの記述は、世尊の時代のインドで行なわれた、しかるべき身分の者の葬儀の実際を反映しており、世尊もそれに従ったことを述べるものであろう。

種々の伝承を引用してなされるマハーパジャーパティーの葬儀に関するダシュ博士の記述は、母への深い情愛のみならず、教団の最高責任者として為すべきことに関する世尊の配慮をも示していて興味深い。先に述べたように、世尊がヤシャ将軍に向かって「私は葬礼を行ない、遺骨を祀りたい」と表明したのは、その葬儀が単に自分の母だけのものではなく、女性教団の最高責任者である人物のための儀式だからである、という世尊の思いを表している。

ダシュ博士によって紹介されたこの資料は、世尊の葬儀にたいする考えを示していて甚だ興味深い。というのは日本では、近代仏教学のもたらした新たな仏典解釈の影響によって、『涅槃経』に世尊の葬儀の仕方について尋ねたアーナンダにたいして世尊が、「おまえは葬儀の心配はしなくてよい。自分の目的に専念せよ」と説かれたことに基づいて、出家者は葬儀に携わるべきでないとするのが世尊の考えであるかのように主張する俗説が幅を利かしているからである。

しかし世尊のその語は、いまだ阿羅漢の位に到達せず学ぶべき事が多く、新参比丘の指導など為すべき事の多いアーナンダにたいして説かれた語であって、出家者すべてに向けて述べられたものでないことが解明されるに至って、*その仏典解釈の過ちは明らかになった。さらに決定的なことには、その同じ『涅槃経』に世尊の葬儀を執行したのが教団の後継者となったマハーカーシャパであることが明記されている事実である。もしアーナンダに向かって説かれた語が出家者すべてに葬儀に携わることを禁ずるものであれば、マハーカーシャパが葬儀を執行したことはその禁を犯すことになり、経典の内容が前後で矛盾することになる。そのような矛盾に経典の編纂者が気づかなかったとは考えられない。

マハーパジャーパティーの葬儀に関する資料の紹介は、本書に示される彼女の生涯に起こったさまざまな出来事や女性教団内での事件等に際して、世尊と彼女とがどのように対応したかを物語るおびただしい資料群の一部に過ぎない。しかしその一部でさえいま見たように、葬儀にたいする世尊の考えを明確にするための重要な資料となる。それは博士が、個人的な脚色を一切排除し、極力テキストに基づくことに努めて蒐集された資料だからである。本書が初期教団の有様を読者に彷彿ならしめることを期待して擱筆したい。

*グレゴリー・ショペン著　小谷信千代訳『大乗仏教興起時代　インドの僧院生活』（春秋社、二〇〇〇年）三一八頁、鈴木隆泰著『仏典で実証する　葬式仏教正当論』（興山舎、二〇一三年）三一頁等参照。

邦語訳出版にさいして

ショバ・ラニ・ダシュ

本書がパーリ仏教に造詣の深い福田琢先生によって翻訳され出版されるにいたったことを非常にありがたく思います。私は学生時代から「女性と仏教」というテーマに深い興味をもって勉強を続けてきました。そのなかでもマハーパジャーパティー比丘尼には常に強い関心を抱き続けてまいりました。当初、仏陀の誕生を物語る彫刻作品に、実母の麻耶夫人の姿はよく見られるのに、継母のマハーパジャーパティーの姿が見られないことに違和感を感じました。その気持ちはいまも変わらず続いています。

あるとき、バンコクのテプティダラム寺院にお参りをしたとき、マハーパジャーパティー比丘尼が比丘尼集団とともに祀られているのを見て感動しました。その寺院を何回か訪れているうちに、お参りをしている信者さんたちと話をするようになりました。信者さんたちとの話から、かれらがマハーパジャーパティーと比丘尼たちの像にお参りはしているものの、マハーパジャーパティーのことをあまりよく知っておられないことがわかりました。そのことが私に、一般の方々にもマハーパジャーパティーのことを伝え、比丘尼の信仰や生活を紹介し、それによって仏教に興味をもっていただきたいと思う気持ちを起こさせました。それが本書を書こうと思うにいたった動機です。

以前から、マハーパジャーパティーと比丘尼教団に関する資料を少しずつ収集しておりました。それに基づいて本書の著作を構想していたときに、幸いなことに豊富な資料に基づいた森章司・本澤綱夫両先生による立派な研究論文「Mahāpajāpatī Gotamī の生涯と比丘尼サンガの形成」(『中央学術研究所紀要』モノグラフ篇、第一〇論文、二〇〇五年)と出会いました。本書ではこの論文をも参考にして、一般の方々にも容易に理解していただけるように、とくに逸話風の物語を多く採用して、マハーパジャーパティーの人柄と生涯を、女性ならではの視点から描くことを試みました。

この邦訳が皆様方のお手元に届き、マハーパジャーパティーの人生を彩るさまざまな逸話を通じて、マハーパジャーパティーと仏陀とのあいだに見られる母と子の情愛にあふれた絆に触れていただき、それが示す仏教の豊かな思想に興味をもっていただくことができればと願っています。

マハーパジャーパティー　最初の比丘尼

ショバ・ラニ・ダシュ

凡　例

＊本書は、Shobha Rani Dash, *Mahāpajāpatī : The First Bhikkhunī*, Blue Lotus Books, Seoul, 2008の全訳である。冒頭の小谷信千代「邦語訳への序」、原著者ショバ・ラニ・ダシュ「邦語訳出版にさいして」および巻末の「訳者解説」のみ、この邦語訳版のために書き下ろされた。

＊原著では、各頁の下に注を記載する脚注形式がとられているが、邦語訳版ではこれを後注形式に改め、各章の末尾にまとめて記載した。

＊注の項目、番号および内容はすべて原著のままである。ごく一部に訳者の補注を加えたが、その場合は〔訳注：〕として本文中に挿入した。

＊固有名詞などの原語（カタカナ）表記の仕方は基本的には原著に準じた。すなわち主要な名詞はパーリ語に統一するが、漢訳資料を典拠とする箇所では梵語（サンスクリット）も用いる。また、主要な名詞のサンスクリット表記の場合は、（　）内にパーリ語表記を示した。詳しくは巻末の「訳者解説」を参照されたい。

＊巻末に付された仏教用語の「語彙解説」は、原著ではパーリ語（あるいはサンスクリット）で見出し語を掲げ、アルファベット（ＡＢＣ）順に配列しているが、本書では漢訳仏教用語の五十音（アイウエオ）順に並べ替えた。項目の選択および解説内容は原著のままである。

序

マハーパジャーパティー・ゴータミーは、初期仏教の歴史において最も重要な人物のひとりである。彼女は釈尊の叔母であり、養母として菩薩（少年時代の釈尊）を幼いころから育て、後にこの青年が「めざめた人」（ブッダ）となったとき、最初の尼僧となった。こんにち彼女は、比丘尼僧団の創始者として尊崇されている。いにしえの比丘尼僧団の復興を願う今世の女性仏教徒、男性仏教徒たちにとって、彼女はひとつの啓示である。

仏教文献は随所で、それも各々異なる文脈において、マハーパジャーパティーの名に言及する。その面影は、僧団黎明期における教訓物語に始まり、多くの伝承や説話のうちに見いだされる。彼女をめぐる挿話や物語は、広くアジア仏教圏の、地域も言語も多種多様な諸テキストのうちにばらまかれているが、ショバ・ラニ・ダシュは、それらの資料をひとつにまとめ、仏教学のキーパーソンとも呼べるこのひとの人物像を、初めて総合的に描き出した。本書の著者は、パーリ語、サンスクリット語、漢文、そして日本語の資料に直接にあたり、ゴータミーに関するさまざまな伝承を蒐集し、分析して、ここにブッダの母であり、最初の尼僧であったひとの生涯とその時代について、魅力的で、かつ学術性もそなえた物語を織りあげた。

二〇〇八年五月

バンコク／パリ　フランス極東学院助教授
ピーター・スキリング

マハーパジャーパティー　最初の比丘尼　目次

略　号

AA	The Aṅguttaranikāya-aṭṭhakathā (the Manorathapūraṇī)
AN	The Aṅguttara-Nikāya
ANT	The Aṅguttaranikāyaṭīkā Catutthā Sārattha mañjusā
AP	The Apadāna (Part-II is the Theriī-apadāna)
APA	The Apadānaṭṭhakathā (Visuddhajana-Vilāsinī)
BCSD	A Buddhist Chinese-Sanskrit Dictionary　平川彰『仏教漢梵大辞典』
BD	The Book of the Discipline (English translation of the Vinaya Piṭaka)
BGS	The Book of the Gradual Sayings (English translation of the Aṅguttara Nikāya)
BM	Bode, Mabel : “Women Leaders of the Buddhist Reformation”
BV	The Buddhavaṃsa
BVA	The Buddhavaṃsa-aṭṭhakathā (Madhuratthavilāsinī)
Ch	Chinese reading
CPED	Concise Pali-English Dictionary
CVT	The Commentary on the Verses of the Therīs

DhA	The Commentary on the Dhammapada (Dhammapadaṭṭhakathā)
Dhp	The Dhammapada
DN	The Dīgha-Nikāya
DPL	A Dictionary of the Pali Language (by Robert Caesar Childers)
DPPN	The Dictionary of Pali Proper Names
DV	The Dīpavaṃsa
J	The Jātaka
JEBD	Japanese English Buddhist Dictionary
Jp	Japanese reading
KIK	The Kokuyaku issaikyō『国訳一切経』
MA	The Papañcasūdanī Majjhimanikāyaṭṭhakathā
MN	The Majjhima-Nikāya
MP	The Milindapañho
MV	The Mahāvaṃsa
Mva	The Mahāvastu Avadānaṃ (Le Mahāvastu)
P	Pāli readings
PA	The Petavatthu Aṭṭhakathā
PED	The Pali Text Society's Pali-English Dictionary
PTS	The Pali Text Society

SA	The Saṃyutta-Nikāya-aṭṭhakathā (Sāratthappakāsinī)
SGDB	The Soka Gakkai Dictionary of Buddhism
Skt	Sanskrit reading
SN	The Saṃyutta-Nikāya
SnA	The Sutta Nipāta Aṭṭhakathā (Paramatthajōtikā-II)
SP	The Samantapāsādikā (Buddhagosa's commentary on the Vinaya Piṭaka)
Tha	The Theragāthā
Thi	The Therīgāthā
ThiA	The Therīgāthā-aṭṭhakathā (The Paramatthadīpānī-VI)
Ud	The Udāna
VP	The Vinaya Piṭakaṃ
VT	The Vinaya Texts
大正	大正新修大蔵経

はじめに

歴史をひもとけば、人類の文化に不朽の恩恵を与えた、ひとにぎりの尊敬すべき女性たちに遇《あ》うことができる。彼女たちは社会に貢献し、われわれの精神を涵養《かんよう》する糧となり、生活のさまざまな領域で、女性の地位向上のために身を尽くし、人々の記憶にとどまっている。その人となりについては、何よりも彼女たちの行動それ自身が多くを物語っている。その一部は記録され、保存され、こんにち広く知られている。しかし残念ながら、さまざまな事情から、さほど知られないまま終わってしまった人もいる。たとえばシャカムニ・ブッダの時代の女性僧（比丘尼《びくに》）たちがそうである。

仏教世界に多大な貢献をはたしたにもかかわらず、彼女たちの全貌はいまだ明らかではない。その最大の理由はおそらく、十分な資料が得られないことにある。われわれの手に入る情報源は聖典だけで、しかもしばしば断片的である。それら聖典資料はサンスクリット、パーリ語、漢文およびチベット語によって書かれており、深く内容に立ち入って検討を加えるためには、熟達した語学力が求められる。しかも、いずれも完全な形では手に入らないので、種々の資料を広く渉猟し、情報を集めなければならない。いうまでもなく、これは多大な忍耐を強いられる作業である。

二〇〇五年に、私は日本学術振興会外国人特別研究員の制度により助成を受け、パーリ文献および関連漢文資料に基づく比丘尼たちの伝記資料データベースの作成に取り組む機会を得た。その詳細については、「仏典における比丘尼のデータベース構築及びその伝記の研究」（『パーリ学仏教文化学』第二〇号、二〇〇六年）を参照されたい。技術上の問題もあって、データベースそのものは、残念ながらいまだ、研究資料として公開し、共有できる状況にはないが、これを作成しているあいだ、私はさまざまな、比丘尼たちの生涯に関する興味深い物語に接した。そして、これらの情報に基づいて、限られた資料のなかに息づく、彼女たちの生涯をめぐる、美しく詩情豊かな物語たちを紹介してみたい、と思うようになった。

これらの伝記資料を整理しながら、私は比丘尼たちの生涯に起こったエピソードの数々を、友人たちに語ってみた。そのたびに皆、おおいに興味を示してくれた。私はこれに刺激を受けて、研究者たちはもちろん、この主題に関心を寄せてくれる一般読者の要求にも応えられる読み物にもなるように、テキスト資料から蒐集した情報を物語にまとめる作業に取りかかった。

マハーパジャーパティーは仏教世界における最初の比丘尼であり、比丘尼僧団（サンガ）を創立した人物として特筆されるべき存在であるが、比丘尼僧団にかかわることがら以外の面で、彼女に光が当てられる機会は多くない。彼女の生涯におけるいくつかのエピソードはよく知られているが、それぞれが特定の教義的文脈において見いだされるもので、それらを一連のものにまとめた、彼女の人生全体の物語というものは語られていない。本書は、マハーパジャーパティーの生涯を再現してみようという、私のささやかな試みである。情報は聖典、および若干の蔵外文献のうちに見いだされる資料に基づいており、個人的な脚色のたぐいは、いっさい加えられていない。

東京の中央学術研究所による『原始仏教聖典資料による釈尊伝の研究』の素晴らしい成果、特に『中央学術研究所紀要』のモノグラフ篇、第一〇論文には感謝したい。この論文は「Mahāpajāpatī Gotamī の生涯と比丘尼サンガの形成」（森章司・本澤綱夫）と題して、二〇〇五年四月に公表された。こちらは諸情報を原典資料のまま提示する形式のものである。この成果が先に公開されていたおかげで、比丘尼たちの伝記資料データベースを仕上げる私の作業はいっそうはかどることとなった。

本書はパーリ聖典を一次資料としてこれに拠っているが、他方で、サンスクリット文献や漢文典籍など、他の資料に見いだされる関連記事も可能なかぎり示した。専門の研究者は関心に応じて適宜利用されたい。さらなる学習に資するために、注記には一次資料からまとまった記述を引用した。固有名詞と重要な術語にはパーリ、サンスクリット、日本語、そして漢語の読みを示した。

あちこちに散見されるマハーパジャーパティーについての記述をまとめれば、かなりの情報が集まるが、本書ではそのなかでも彼女の生涯の輪郭を描き出すために欠かせない、重要な資料のみを採用した。残りのものは近い将来、なんらかのかたちで公表するつもりである。本書は可能なかぎり、それ自身で評伝の書として成り立つよう書かれている。執筆中はいかなる意味においても文献研究の形式に縛られることのないよう、細心の注意を払ったつもりである。

本文中の専門用語の漢語、日本語、サンスクリット表記は、特に注記のないかぎり『仏書解説大辞典』に基づく。重要な語のいくつかは、初出の箇所で注を付して紹介し、理解を深めていただくため、巻末に「語彙解説」を付して、これら専門用語のより詳しい解説を記載した。

基本用語や人名、地名については、おおむねパーリ語で原語を掲げてある。しかし漢訳文献はサンスクリットから翻訳されたものであるから、その翻訳にはサンスクリットで原語を表記した。ただし若干のよく知られた単語、たとえば「マハーパジャーパティー」、

「ビク」（比丘）、「ビックニー」（比丘尼）、「ニッバーナ」（涅槃）、「サンガ」（僧伽）などは、パーリ語のみを記してある（訳注：本邦語訳では漢語も多く使用している）。漢文資料に見える固有名のパーリ語やサンスクリットの表記については、断りのないかぎり、平川彰編『仏教漢梵大辞典』に拠っている。

本文のカッコ内および注に出したテキスト名、引用文、主要術語、異読（別の読み方）は斜体で表示してあるが、注に長文で引用した原文は通常体で示した（訳注：本邦語訳においては、長文のパーリ原文引用はすべて日本語に訳した）。

『大正新修大蔵経』の引用は、CBETA（Chinnese Buddhist Electronic Text Association）の電子テキストを用いた。旧字体は可能なかぎり新字に訂正してある（訳注：本邦語訳においては、漢文の引用は読み下し文に、またかな遣いは新かな遣いとした）。

フランス極東学院のピーター・スキリング博士には推薦文をご執筆いただいたうえ、バンコクのワット・テプティダラムにあるマハーパジャーパティー像の写真を頂戴し、また写真を本書表紙に使用することについても快くご了承いただいた（編集部注：本書のカバー写真は原著者によるものである）。深く感謝したい。

また最終仕上げの段階で、中央僧伽大学（ソウル）講師・研究員の崔福姫博士から援助と有益なご教示をいただいたことにも格別の感謝を捧げたい。

大谷大学の小谷信千代教授（訳注：現在は名誉教授）とモニカ・ベーテ教授からは、「女性と仏教」という分野で研究を継続するにあたり、終始励ましの言葉をいただいた。本書はそのおかげで実ったささやかな成果である。

私を励まし、貴重なアドバイスやご親切やご支援で、本書の完成を可能にしてくださった諸先生、友人たちにも心からの感謝を述べたい。

本書を公刊するに当たってご協力いただいた、中央大学校（ソウル）の許東成博士と、出版担当のブルー・ロータス・ブックスにも感謝したい。

最後になったが、読者諸賢には本書に対するご批評を乞う。向後の研究のためにも、さまざまなご意見、ご教示を賜りますよう、謹んでお願い申し上げます。

第一章　母として

名称

マハーパジャーパティー・ゴータミー（Mahāpajāpatī Gotamī）――サンスクリットではマハープラジャーパティー・ガウタミー（Mahāprajāpatī Gautamī）――は史上最初の比丘尼とされている。その名は釈尊（シャーキャムニ・ブッダ）の母方の叔母として、そして釈尊の育ての母親として知られている。どのような経緯で彼女が「マハーパジャーパティー・ゴータミー」、あるいは「マハープラジャーパティー」という名で呼ばれるにいたったのかについては、興味深い逸話が残されている。

パーリ文献資料の伝えるところでは、マハーパジャーパティーが生まれたとき、彼女はいくつかの〝吉兆のしるし〟をそなえていたという。(1)彼女の名付けの祝いの日に、さる高名な婆羅門《バラモン》がその吉兆のしるしを認め、次のような予言を残した、「もし妃《きさき》が娘をもうけたら、その娘は転輪聖王の最初の妃となるだろう。(2)もし息子をもうけるならば、その息子は転輪聖王[3]となるであろう。いずれにせよ、彼女はたいへんな子宝に恵まれることになる」。この予言ゆえに、彼女はマハーパジャーパティー（偉大な後継者に恵まれる女性）と呼ばれるようになったのである。ゴータミーは所属する氏姓の名称である。[4]

このように、パーリおよびサンスクリット文献において、彼女の名前は一種類しか伝えられていないが、漢文資料にはさまざまな名前を見いだすことができる。そのうちのいくつかは、このパーリもしくはサンスクリット原語の音写であり、またいくつかは、逐語訳もしくは意訳である。これらの名前を知っておくことは、彼女に関する情報を探し出すうえで大切なことなので、ここにさまざまな漢訳資料に伝えられる名前を、ひととおり列挙しておきたい。[5]

摩訶波闍波提《まかはじゃはだい》　摩訶簸邏闍鉢提《まかはらじゃはつだい》　摩訶鉢刺闍鉢底《まかはつしじゃはってい》　摩訶卑耶和題《まかひじゃわだい》　大世主《だいせしゅ》

大愛道《だいあいどう》　大愛《だいあい》　愛道《あいどう》　世主《せしゅ》　瞿曇弥《くどんみ》　倶曇弥《くどんみ》　憍曇弥《きょうどんみ》　倶曇弥《くどんみ》大愛《だいあい》

大生《だいしょう》　主瞿曇弥《しゅくどんみ》　摩訶波闍波提瞿曇弥《まかはじゃはだいくどんみ》　大愛道瞿曇弥《だいあいどうくどんみ》　大生《だいしょう》　主憍《しゅきょう》　曇弥《どんみ》

大生《だいしょう》　主喬答弥《しゅきょうとうみ》　摩訶卑耶和題倶曇弥《まかひじゃわだいくどんみ》

家族・血縁・誕生から結婚まで

マハーパジャーパティーの家系をめぐる情報は、実に多種多様である。さまざまなテキスト間で錯綜するそれら血縁関係をめぐる説明に一貫性を与えることは困難だが、それでも興味ぶかい主題であり、ここで一瞥《いちべつ》しておく意味はあるだろう。

『テーリー・アパダーナ』によれば、マハーパジャーパティーはデーヴァダハに生まれたという。父親はアンジャナサッカで、母親はスラッカナーといった。彼女はカピラヴァッツのスッドーダナ王と結婚し、王妃として生家を出て行った。この物語は『テーリーガーター注』にも繰り返されている。(6)

『テーリーガーター注』そして増支部《ぞうしぶ》経典注『マノーラタ・プーラーニー』の記述では、彼女はデーヴァダハの町にあるマハースッパブッダの家に生まれ、ゴータミーと呼ばれる種族に属し、それゆえゴータミーの名で呼ばれたといい、釈尊の生みの親であるマハーマーヤーの妹とされる。二人の姉妹が適齢期に達したとき、スッドーダナ王(浄飯王)は二人を娶《めと》って自身の邸宅に連れていった。(7)

また中部経典注『パパンチャ・スーダニー』によれば、マハーパジャーパティーは、デーヴァダハの町のクシャトリヤ階級の家庭に生まれ、コーリヤ族に属し、スッドーダナ王と結婚して彼の第一夫人になったという。(8)

スリランカの仏教史書『マハーヴァンサ』（大史）では、彼女はパジャーパティー（Pajāpatī）の名で知られている。これによれば彼女の父親は、デーヴァダハの町のデーヴァダハ・サッカの息子アンジャナで、母親はカピラヴァッツの王ジャヤセーナの娘ヤソーダラーだという。彼女にはマーヤーという名の姉と、ダンダパーニとスッパブッダと名づける二人の兄弟がいた。

デーヴァダハ・サッカにはカッチャーナーという名の娘がいた。彼女はジャヤセーナ王の息子でヤソーダラーの兄であるシーハーハヌの妃となった。シーハーハヌとカッチャーナー夫妻からは二人の娘と五人の息子が生まれた。娘たちはアミターとパミターと名づけられた。息子たちはそれぞれスッドーダナ、ドートーダナ、サッコーダナ、スッコーダナ、アミトーダナと名づけられた。そしてマーヤーとパジャーパティーの姉妹は、二人とも従《い》兄弟《とこ》のスッドーダナ王に嫁いだ。[9]

『ジナカーラマーリー』もまた似たような物語を記している。[10] 唯一の違いは、スッコーダナ（Sukkodana）のかわりにスコーダナ（Sukhodana）としていることだが、これは単純な「k」と「h」の誤植ではないかと思われる。

『ディーパヴァンサ』によれば、マハーパジャーパティーはマーヤーの双子《ふたご》の妹で、マハーパジャーパティー・ゴータミーの名で知られていた。まるで慈愛あふれる母のように、彼女は未来のブッダである釈迦牟尼《シャカムニ》に乳を与え育てたという(11)。

『マハーヴァストゥ』は、これらよりも、より複雑で興味深い逸話を伝える。そこでは、マハーパジャーパティーの父親は、デーヴァダハの釈迦族の長であるスブーティとされている。母親の名は定かではなく、ただ「コーリヤ族の娘」とあるのみである。マハーパジャーパティーには他に六人の姉妹がいた。彼女たちはマーヤー、マハーマーヤー、アティマーヤー、アナンタマーヤー、チューリーヤー、コーリーソーヴァーといった。マーヤーはその中で最も齢下であった。当時の釈迦族の王シンハハヌには、シュッドーダナ（スッドーダナ）、シュクローダナ、ダウトーダナ、アムリトーダナという四人の息子とアミターという名の娘がいた。父王シンハハヌの歿後、シュッドーダナが王となった。

ある日、シュッドーダナ王は、大臣たちに、美しく血筋も良いつれあいを得たいものだ、と望みを話していた。大臣たちは、王にふさわしい花嫁を捜し出すべく、有能な婆羅門たちを送り出した。長い捜索の後、彼らはシュッドーダナ王に最適な相手として、マーヤーを見つけ出した。婆羅門たちがそのことを報告すると、シュッドーダナはスブーティに使者を遣わし、娘のマーヤーを配偶者として所望した。しかしスブーティは、いまだにインドに根強く浸透する慣習に準じて、彼女の六人の姉たちが未婚であることを理由にそれを断った。するとシュッドーダナ王は娘たち全員を望んだため、今度はスブーティも了承した。シュッドーダナ（スッドーダナ）王は七人姉妹をデーヴァダハからカピラヴァストゥ（カピラヴァッツ）に連れてきたが、自ら妻として娶ったのはマーヤーとマハーパジャーパティーの二人きりで、残りの娘たちは彼の五人の兄弟たちの妃となった。[12][13]

パーリおよびサンスクリット資料以外では、若干の漢訳資料もマハーパジャーパティーの家族関係に触れている。漢訳中の固有名をサンスクリット原語に還元することはとてもむずかしい。が、可能なかぎり原語に近づけて復元すべく試みたい。[14]

『根本説一切有部毘奈耶破僧事《こんぽんせついっさいうぶびなやはそうじ》』は、マハーパジャーパティーの誕生と結婚に関する興味深い逸話を伝える。おおむね次のような話である。[15]

昔々、シンハハヌ王（獅子頬王《ししきょうおう》）がカピラヴァストゥを治めていたとき、[16]スプラブッダ王（善悟王《ぜんごおう》）[17]はデーヴァダハの町（天王城）を統治していた。彼にはルンビニー（妙勝《みょうしょう》）[18]という名の美しく優雅な妃がいた。当時デーヴァダハにはマンガラ（吉祥《きっしょう》）[19]という名の富豪がいた。彼は樹々や花々の匂い立つとても美しい庭園を所有していた。ある日、ルンビニー王妃はその庭園を見て、自分のものにしたいと考えた。しかしそれは富豪のものであったため、王は妃のために新しい庭園を造るよう命じた。完成した庭園は、マンガラのものよりも数段美しいものに見えた。ルンビニー王妃のために造園されたので、その園は妃の名にちなんでルンビニー園（藍毘尼園《らんびにえん》）と名づけられた。[20]

シンハハヌ王には四人の息子がおり、その名をシュッドーダナ（浄飯《じょうぼん》）、シュクローダナ（白飯《びゃくぼん》）、ドロートーダナ（斛飯《こくぼん》）、アムリトーダナ（甘露飯《かんろぼん》）といった。

シンハハヌ王は一族より金輪王《こんりんおう》(21)があらわれることを熱望しており、他方、スプラブッダ王はシンハハヌ王と姻戚関係を結ぶことを望んでいた。

ある日、ルンビニー王妃は娘を産んだ。たいそう美しく優雅な容姿をもっていたため、人々はこの子をヴィシュバカルマン神（善巧天《ぜんぎょうてん》）(22)の創造物ではないかと考えた。そして〝天人の化作した幻影〟すなわち〝幻化〟（マーヤー）という名で呼んだ(23)。彼女が成長したある日、占い師は、「彼女から産まれた息子は、やがて力輪王となるであろう」と予言した。

しばらくして、女王はもう一人の娘を産んだ。彼女は並ぶもののない美貌とまばゆいほどの肢体に恵まれていた。マーヤーよりもいっそう美しかったので、マハーマーヤー（大幻化）と呼ばれていた。彼女が成長したある日、占い師は、「彼女から産まれた息子は、三十二の吉祥相をそなえ、やがて転輪王《てんりんおう》となるであろう」と予言した。娘はどちらも八人の乳母によって育てられた。

ある日、スプラブッダ王はシンハハヌ王に使者を派遣し、自分の二人の娘のうちどちらかを、長男シュッドーダナ王子の妃に嫁がせたい旨を伝えた。するとシンハハヌ王から返事が来た。できれば二人の王女ともども息子の妃に欲しい。しかしこちらの先代の王は妃を一人以上娶ってはならないという誓いを立てている。ついては、まず妹の方だけを嫁に迎えたいが、ただし、姉もただちに他処《よそ》に出さず、しばし猶予をいただきたい、と。こうして、まずマハーマーヤーだけがシュッドーダナ（スッドーダナ）王子と結婚した。

後にパンダヴァ（般荼《はんだ》婆《ば》）[24]という近隣の州で暴動が起こった際、シュッドーダナ王子は軍隊を率いて反乱軍を制圧した。その功績に対する報酬として、シンハハヌ王は、釈迦族の国民たちと相談したうえで、先代の王の誓約を時効として、姉マーヤーも嫁に娶りたいとスプラブッダ王に申し出た。こうして彼女はシュッドーダナの第二王妃となった。そして第一王妃のマハーマーヤーがブッダの生母となった。

この物語には〝マハーパジャーパティー〟という固有名は出てこないが、話の筋からして、あるいはすでに紹介したパーリ資料やサンスクリット資料との対比からいっても、姉のマーヤーとはマハーパジャーパティーのことであると類推できる。ギルギッド出土の『根本説一切有部毘奈耶破僧事』サンスクリット本（Gnoli, R. ed. *Gilgit Manuscript of the Saṅghabhedavastu*, part-I, Roma, 1977, p. 40）でも、ブッダの生母の名は一貫してマハーマーヤー（Mahāmāyā）と記述されている。[25]

他方、漢訳に残された『仏本行集経《ぶつほんぎょうじっきょう》』[26]は、これまで紹介したものとは若干異なる物語を伝える[27]。

昔々、カピラヴァストゥ（カピラヴァッツ、迦毘羅婆蘇都《かびらばそつ》）にシンハハヌ（獅子頬王《ししきょうおう》）という名の王がいた。彼には四人の息子がおり、その名をシュッドーダナ（閲頭檀《えつずだん》もしくは浄飯、後には白浄王《びゃくじょうおう》ともされる）、シュクローダナ（輸拘盧檀那《しゅくるだんな》）、ドロートーダナ（途盧檀《とろだん》那《な》もしくは斛飯）、アムリトーダナ（甘露飯）といった。娘もいて、名をアムリター（甘露味）といった。

カピラヴァストゥからそう遠からぬ場所に、デーヴァダハ（天臂《てんぴ》）という名の町があり、そこにスプラブッダ（善覚）という名の、富裕で名声も高い釈迦族の資産家が住んでいた。彼の邸宅はまるで毘沙門天の宮殿のようであったという。彼には八人の娘がいた[28]。長女はマーヤー（意《い》）、次女はアティマーヤー（無比意《むひい》）、三女はマハーマーヤー（大意《たいい》）、四女はアナンタマーヤー（無辺意《むへんい》）、五女はチューリーマーヤー（髻意《きつい》）、六女はクリシュナガービー[29]（黒牛《こくご》）、七女はクリシャガービー[30]（痩牛《そうご》）そして八女をマハーパジャーパティー[31]（摩訶《まか》波闍波提《はじゃはだい》）といった。彼女は八人姉妹のなかで最も若かった。生まれた直後に、婆羅門の予言者が彼女の身体に吉祥を認めてこう告げた。「もしこの子が、やがて男の子を産むならば、その子は必ずや転輪聖王《てんりんじょうおう》となりましょう。そして四天下[32]を統治し、七宝[33]をそなえ、千人の子宝[34]に恵まれることでしょう」。

娘たちが成長して適齢期にいたると、父王スプラブッダは彼女たちを嫁がせたいと希望するようになった。シュッドーダナ（スッドーダナ）王はスプラブッダ王とその八人の娘、そして婆羅門の予言の話を知ると、スプラブッダに使いを出し、マハーパジャーパティーと結婚したい旨を伝えた。しかしスプラブッダの返答は、自分には八人の娘がいて、マハーパジャーパティーは末娘である、もし王が彼女と結婚したいならば、他の七人の娘たちが嫁ぐまで待ってもらわねばならない、というものであった。彼は悠長に待つことができず、八人の娘全員を貰いたいと申し出た。スプラブッダとしては、王の提案をのむしかなかった。シュッドーダナは八人の娘たち全員を宮殿に連れてきたが、マーヤーとマハーパジャーパティーの二人しか王妃として受け入れようとしなかった。残りの六人の娘たちは三人の兄弟たちに平等に与えられたので、全員がそれぞれ二人ずつ妃を娶ることになった。

ここでは、マハーパジャーパティーはブッダの生母として描かれる。(35)

『衆許摩《しゅきょま》訶《か》帝経《ていきょう》』(36)も、『根本説一切有部毘奈耶破僧事』とほぼ同様の物語を伝える。(37) わずかに異なる点は、人名と地名の漢字表記のほとんどがサンスクリットの音写語になっていることである。すなわち星賀賀努《せいががぬ》（シンハハヌ）、酥《す》鉢囉《はつら》没駄《もつだ》（スプラブッダ）、龍弭《りゅうび》弥《に》（ルンビニー）、摩耶《まや》（マーヤー）、そして摩賀摩耶《まがまや》（マハーマーヤー）とある。こちらの記述には、マーヤー（すなわちマハーパジャーパティー）は、生まれつき八つの乳房を持っていたと記されている。占い師は彼女の吉兆のしるしを見て、彼女から生まれる男子はやがて王座に即《つ》くであろう、一方でマハーマーヤーが生む男子は三十二相をそなえ、転輪聖王となるであろう、と予言した[38]。

このテキストによれば、シュッドーダナはシンハハヌ王が以前立てた誓約のために妃を一人しか娶ることができず、マハーマーヤーが選ばれたという。マーヤーについてはまったく触れられていない。『根本説一切有部毘奈耶破僧事』との対応によれば、この「マーヤー」がマハーパジャーパティーだと考えられる。

以上、諸異本の考察結果をまとめる。マハーパジャーパティーの両親の名前については確定できないが、彼女はマーヤーもしくはマハーマーヤーの姉妹（より厳密にいえば妹[39]）であり、デーヴァダハの出身である。姉妹は二人ともカピラヴァッツのスッドーダナ王に嫁ぎ、それぞれ釈迦牟尼仏の母になり叔母になった。

釈尊の母（ふたつの前生物語）

マハーマーヤーとマハーパジャーパティーの誕生直後に、占い師たちは、姉妹どちらの息子も世界の帝王になると予言した[40]。姉妹は二人とも結婚適齢期に達し、スッドーダナ王

姉妹	夫	名	種族	生誕地
	Suddhodana		Sākya	Devadaha
Mahāmāyā	Suddhodana	Gotamī	Gotamī	Devadaha
Mahāmāyā	Suddhodana	Gotamī		Devadaha
	Suddhodana		Koliya	Devadaha
Māyā		Mahāpajāpatī Gotamī		
Māyā	Suddhodana	Pajāpatī		Devadaha
Māyā	Suddhodana	Pajāpatī		Devadaha
Māyā, Mahāmāyā, Atimāyā, Anantamāyā, Cūlīyā, Kolīsovā	Śuddhodana		Śākya	Devadaha
大幻化 Mahāmāyā	浄飯王 白飯王 Śuddhodana	幻化 Māyā		天示城 Devadaha
			Śākya	天臂城 Devadaha
摩訶摩耶 Mahāmāyā	浄飯王 Śuddhodana	摩耶 Māyā		天指城 Devadaha

家族関係・名称・地名一覧

テキスト	父親	母親	兄弟
Therī Apadāna	Añjanasakka	Sulakkhaṇā	
Theīgāthā aṭṭhakathā	Mahāsuppabuddha		
Manoratha-pūraṇī	Mahāsuppabuddha		
Papañcasūdaṇī			
Dīpavaṃsa			
Mahāvaṃsa	Añjana	Yasodharā	Daṇḍapāṇī, Suppabuddha
Jinakālamālī	Añjana	Yasodharā	Daṇḍapāṇī, Suppabuddha
Mahāvastu	Subhūtī	Koliyakanyā（コーリヤ族の娘）	
根本有部律	善悟王 Suprabuddha	妙勝 Lumbinī	
仏本行集経	善覚 Suprabuddha		
衆許摩訶帝経	酥鉢囉没駄 Suprabuddha	龍弭弥 Lumbinī	

と結婚した。マハーマーヤーはシッダッタ・ゴータマ（ガウタマ・シッダールタ）を生み、妹のマハーパジャーパティーはナンダという息子[41]とナンダーという娘[42]を生んだ。漢訳の資料には、ナンダはスンダラナンダ（孫陀羅難陀《そうだらなんだ》[43]）とも呼ばれており、一方ナンダーはルーパナンダーおよびスンダリーナンダーとしても知られていた。

さらにまた、次のようにも記されている。マハーマーヤーはシッダッタ・ゴータマの誕生後七日目に死去した[44]。その後、マハーパジャーパティーは彼の養母となり、細心の注意を払いながら、自らの母乳で彼を育てた。彼女は幼いシッダッタ王子の身を洗い、毎日二、三回は食事と飲み物を与えた[45]。当時、彼女には自分の息子ナンダがいた。彼はシッダッタ誕生の二、三日後に生まれた。しかし、伝えられるところによれば、彼女は自分の息子ナンダを乳母に預けてしまい、彼女自身はシッダッタ王子の世話に専念していたという[46]。彼女は将来のブッダを育てるべく運命づけられていた、ということなのかもしれない。

いくつかの前生物語《ぜんしょうものがたり》（ジャータカ）は、古く因縁を遡り、彼女は前世、ブッダが菩薩《ぼさつ》として生まれたとき、その実の母親だったと記している。

【第一の物語】チューラナンディヤ前生物語[47]

チューラナンディヤ前生物語の中では、彼女は猿の母親として登場する。その物語のあらすじを紹介しておこう。

ブラフマダッタがバーラーナシーの王だった時代、マハーパジャーパティーは目の見えない雌の猿として生を受けた。彼女にはナンディヤ(48)とチュッラナンディヤ(49)(チューラナンディヤ)という名の子供がいた。兄のナンディヤは菩薩(過去世におけるブッダの前身)であった。弟のチュッラナンディヤは尊者アーナンダだった。二匹の兄弟は八千匹からなる猿の群れのボスだった。目が見えないので、母親は自分で餌を見つけることができなかった。そこで息子たちは二人とも、彼女のために森で果物を集め、使者を使ってそれを母に届けていた。しかし、その使者の猿がきちんと果物を届けていなかったため、彼女は食べるものも食べられずに衰弱していった。兄弟たちはその事実を知ると、群れを捨て、母親をヒマラヤから連れて降り、バンヤンの木の上でその世話をした。

このとき、デーヴァダッタ(訳注：仏弟子ながら僧団の乗っ取りやブッダの殺害を企んだとされる悪人。提婆達多《だいばだつた》)は非常に冷酷な性格の婆羅門として生まれていた。彼はタッカシーラー(タキシラ)で、パーラーサリヤという名の高名な師匠(これは前世の尊者サーリプッタである)のもとに就き、学びを終えて、バーラーナシーに出てそこで生活しようとしていた。彼は学のある婆羅門だったが、その冷淡な性格のために、仕事にありつけず、弓と矢を手にした。婆羅門であるにもかかわらず、狩猟をやって獲《え》た肉を売って生活したのである。

ある日、この婆羅門の猟師は、狩りの獲物となる動物を一匹も見つけられないという失態を犯した。彼は手ぶらのまま帰ろうとしたが、そのときバンヤンの木の上に猿の家族を見つけた。猟師に気づいた猿の兄弟は自分たちの姿を隠した。二人は、さしもの猟師も、弱く年老いた母親を傷つけることなどないだろうと気を許していたが、この猟師は冷酷な性格であり、しかもこの日は獲物がなかったので、弓を引いて射ようとした。そこで長男のナンディヤは、弟に母の世話を頼み、自分が猟師の犠牲となるために飛び出していった。彼は猟師に、自分を殺して代わりに母の命を助けてくれるよう願い出た。そこで猟師は彼を殺したが、しかし約束を守ろうとはしなかった。末息子のチュッラナンディヤは、猟師が母に矢を放つのを見ると、やはり隠れていた場所から飛び出して、兄がやったのと同じように自分の身を猟師に投げ出して、母親を見逃してくれと頼んだ。しかし猟師は先に彼を殺してから、母も殺してしまった。

こうして猟師（デーヴァダッタ）は、三つの死体を手に入れて家路に就いた。途中、村からやって来た男に出会い、彼が高徳な猿の一家を殺したまさにそのとき、雷が彼の家に落ちて、家族全員の命を奪ったことを告げた。知らせを聞いて、彼は正気を失い、家に駆け出した。家に入ったとき、屋根の竹が落ちて頭から彼を串刺しにした。まさにそのとき、大地が口を開け、阿鼻《あび》地獄からの炎が舞い上がった。彼は大地に呑み込まれて、阿鼻地獄(50)に転生した。

【第二の物語】小ダンマパーラ前生物語(51)

小ダンマパーラ前生物語にあらわれるチャンダーは、マハーパジャーパティー以外の何者でもない。この物語は、以下に要約して示すとおり、残虐きわまる物語である。

昔々、デーヴァダッタはバーラーナシーのマハーパターパ王として生まれ、マハーパジャーパティーは彼の第一夫人のチャンダーであった。世尊（菩薩）は二人の息子、ダンマパーラ王子として生まれた。

ある日、チャンダー妃（すなわちマハーパジャーパティー）は、生後七カ月のダンマパーラ王子と遊んでいた。そのとき、王がやってきた。けれども妃は息子に夢中で、王がそこに居ることに気づかず、出迎えの挨拶をしなかった。それが王を怒らせた。王は、たった七カ月の王子のせいで自分を無視するくらいの王妃であるなら、将来、王子がもっと成長したら、さらに自分を相手にしなくなるだろうと考えた。そう考えた結果、彼は自分の息子である王子を殺そうと考えた。

　マハーパターパ王は処刑人に、幼い王子を王妃の寝室から連れてくるように命じた。王が怒りとともに彼女の部屋を去っていくと、チャンダー妃は何かしら不吉な予感を憶え、膝に王子を抱いたまま泣いた。しかし無慈悲な処刑人は彼女の膝から王子をひったくり、王の前へ連れていった。王妃は後を追った。王は、彼の前に置かれた板の上に王子を横たえるように命じ、手を切り落とすよう求めた。チャンダーは泣き、代わりに自分の両手を差し出したが、王は耳を貸さなかった。赤ん坊の両腕はともに切り落とされ、王妃は泣きながら切り取られた手を拾い上げた。そこで王は、赤ん坊の両足を切り落とすように命じた。無力な母親は再び血まみれの足を集めて膝に乗せ、涙ながらに幼い王子の命乞いをした。しかし王はさらに、王子の頭を切り落とすよう命じた。チャンダーはそれを聞くと、赤ん坊を助けるために自らの頭を差し出した。しかし王は一顧だにせず、とうとう王子は屠《ほふ》られた。

　しかしながら、残酷な王はさらに処刑人に命じ、王子の首のない死体を剣の先端に刺して、花環のようにぐるぐる回させた。処刑人は命令に従い、死体を投げ上げ、剣の先端でとらえて花環のように回した。王子の小さな身体は、ぐるぐる回って、小さな断片になって地面に落ちた。不幸な母親は、この暴虐のすべてを目の当たりにしなければならなかった、そして泣きながら彼女の赤ん坊の身体の断片をかき集めた。

究極の悲しみに耐えかねたチャンダー妃の心臓は、燃える竹の節が爆《は》ぜるような音を立てて破裂し、即死した。その瞬間、王はその王座から堕《お》ち、大地は二つに裂けて王を呑み込んだ。阿鼻地獄からの激しい炎が燃え上がり、彼の身体を包んだ。その後、大臣たちはチャンダー王妃とダンマパーラ王子だけの葬儀を営んだ。

この前生物語において、マハーパジャーパティーは深い愛情をもつ母親として描かれている。彼女は自らの命を息子のために献げようとするが、結局、彼の悲劇的な死に耐えかねて後を追って死んでしまうのである。

（1） この「吉兆のしるし」（lakkhaṇasampatti）が具体的にどのようなものであるかは明言されない。
（2） 増支部経典注は単に「王妃」（Mahesī）とだけいう。詳細は注（4）を参照せよ。
（3） 転輪聖王についての詳細は巻末の「語彙解説」を参照されたい。
（4） (a)「〃マハーパジャーパティー・ゴータミー〃というなか、ゴータミーは氏姓である。彼女の名付けの日に、高名な婆羅門がその吉祥のしるしを見て、〃もしこのお方が女子を授かれば、転輪聖王の第一妃となりましょう。男子を授かれば転輪聖王その人となりましょう。どちらにしましても、この方の嗣子は間違いなく偉人になられます〃と説明したという。この予言ゆえ彼女の名はマハーパジャーパティー（偉大な嗣子に恵まれる女性）となった。これと氏姓を合わせ〃マハーパジャーパティー・ゴータミー〟と称するのである」（MA, Part-V p. 66,〈Dakkhiṇāvibhaṅga-suttavaṇṇanā〉）。

(b)「〝マハーパジャーパティー〟とは、男子を産んでも女子を産んでも偉人となるであろうことから、こう名付けられたのである」（AA, Vol. IV, p. 132〈Gotamī Vagga〉）。

(c)「比丘尼聖典を礼賛するに際して、最初に〝マハー・ゴータミー〟といい、ここでは〝かのマハーパジャーパティー・ゴータミーに〟と誦する。そのうちゴータミーは氏姓である。名付けの日に、高名な婆羅門が吉祥のしるしを見て、「もしこのお方が女子を授かれば、転輪聖王の第一妃となりましょう。男子を授かれば転輪聖王となりましょう。どちらにしても、この方の嗣子は間違いなく偉人になられます」と話したという。それゆえ、男子を産んでも女子を産んでも偉人となるからマハーパジャーパティーと命名され、総じて〝マハーパジャーパティー・ゴータミー〟というのである」（ANT, Vol. II, p. 279）。

（5）赤沼智善『印度仏教固有名詞辞典』法藏館、一九九四年（一九三一年初版）、三八四頁参照。

（6）(a)「そして私たちは三十三天にて、夫ある女人の身で死没し、
最後の輪廻の生を受け、デーヴァダハの町に生まれた。

私の父はアンジャナサッカ（Añjanasakka）で、母はスラッカナー（Sulakkhaṇā）であった。

そしてカピラヴァッツのスッドーダナ王の邸に嫁いだ」（AP. Part-II, p. 538. verses 114-115）。

(b)『テーリーガーター注』（ThiA, p. 148, verses 117-118）。前のものと同一の偈だが、一行目の「夫ある女人の身で（sapatikā）」が、こちらでは「全員が（sabbā pi tā）」になっている。

（7）(a)「彼女は生涯を通じて善行をなして後、神々や人々の世界を輪廻し、私たちの師（釈尊）の

誕生に先んじて、デーヴァダハの町にあるマハースッパブッダの家に生まれた。ゴータミーとは彼女の家系に共通した姓の名称である。彼女はマハーマーヤーの妹だった。吉祥相の占い師は、彼女たちのどちらの胎内に宿る赤ん坊も、やがて転輪聖王となるであろうと予言した。スッドーダナ大王は適齢期を迎えると、両方と祝言をあげ、自身の許に嫁がせた」（AA, vol. I, p. 340）。

(b)「彼女は生涯を通じて善行をなして後、神々や人々の世界を輪廻し、私たちの師（釈尊）の誕生に先んじて、デーヴァダハの町にあるマハースッパブッダの家に新たな生を結んだ。ゴータミーとは彼女の名であり、マハーマーヤーの妹であった。呪術に長《た》けた婆羅門が吉祥のしるしを認め、〝彼女たちのどちらの胎内に宿る赤ん坊も転輪聖王となるであろう〟と予言した。婚期を迎えたスッドーダナ大王は、二人のどちらとも祝言をあげ、自らのもとに嫁がせた。後に私たちの菩薩（釈尊）は、兜率《とそつ》天宮より死没してマハーマーヤーの胎内に生を結んだ」（AA, vol. I, p. 340）。

（8）「このように、輪廻が繰り返されて私たちの世尊の時代が近づいたとき、かのお方がコーリヤ村のデーヴァダハの町のクシャトリヤの家系に生まれ、私たちが老いた隷民の娘になり、かのスッドーダナ大王の第一妃の側に仕えることは定まっていたのです」（MA, part-IV, p. 95, 〈Nandako-vādasuttavaṇṇanā〉）。

（9）「ジャヤセーナの娘はヤソーダラーといった。デーヴァダハにはデーヴァダハサッカという王がいて、アンジャナとカッチャーナーという二人の子供がいた。カッチャーナーはシーハーハヌ王の正妃となり、アンジャナ王の正妃にはヤソーダラーがなった。
アンジャナにはマーヤーとパジャーパティーという二人の娘が、
釈迦族の人（ヤソーダラー）にはダンダパーニーとスッパブッダという二人の息子ができた。
そしてシーハーハヌ王には息子が五人と娘が二人、
スッドーダナとドートーダナとサッコーダナとスッコーダナとアミトーダナ。
これで五人、そしてアミターとパミター、これで二人。
スッパブッダ王の正妃にはアミターがなった。
彼女にはバッダカチャーナーとデーヴァダッタという二人の子ができた。
マーヤーとパジャーパティーはスッドーダナの正妃となり、
マーヤーより生まれたスッドーダナの息子こそが勝者《ジナ》（釈尊）である」（MV, p. 14, verse no. 16-22）。

（10） JM, p. 23-24

（11）「マーヤー妃とともに同じ母親から生まれた妹であり、世尊に乳を飲ませた乳母であり、慈愛に満ち、誉れ高く、六神通をそなえたお方こそ、かのマハーパジャーパティー・ゴータミー、と名高かった」（DV, p. 96, chapter-XVIII, verse no. 7, 8）。

（12） 物語の冒頭では四兄弟と紹介されているので、兄弟の数については矛盾がある。しかし五人兄弟の方が合理的に思える。

（13）「当時、デーヴァダハという釈迦族の人々の町があった。そこにスブーティという名の釈迦族の長がいた。彼はさる町からコーリヤカンニャー（コーリヤ族の娘）という妻を招来し、七人の娘をもうけた。マーヤー、マハーマーヤー、アティマーヤー、アナンタマーヤー、チューリーヤー、コーリーソーヴァー、マハーパジャーパティーである。マーヤーが末娘であった。釈迦族の王シンハハヌには、息子が四人と娘がひとりいた。シュッドーダナ（スッドーダナ）、シュクローダナ、ダーウトーダナ、アムリトーダナ、そして娘がアミターである。……シュッドーダナ王は、マーヤーとマハーパジャーパティー、二人の娘を自身の城内に迎え入れ、五人の娘は五人の弟たちに与えた」(Mva, Vol. I, 355-357)。

(14) 漢文テキスト中の漢訳術語の還梵は『国訳一切経』に拠る。

(15) 義浄（六三五〜七一三年）訳『大正新修大蔵経』（以下、大正）二四巻、(No. 1450) 一〇五頁中〜一〇六頁中。

(16) シンハハヌを除き、このテキストに見える人名の原語はすべて『国訳一切経』律部一四、二四頁〜三一頁に拠る。

(17) 善覚王および酥鉢囉没陀としても知られる（『国訳一切経』律部一四、二八頁、脚注三〇）。

(18) 『国訳一切経』律部一四、二八頁、脚注三一および脚注三四は、彼女を〝ルンビニー〟とするが、〝妙勝〟の原語がなぜLumbinīとなるかは不明。

(19) 平川彰『仏教漢梵大辞典』に拠る（BCSD p. 2401）。平川教授は〝吉祥〟の原語としてマンガラ（Maṅgala）とは別にシュリー（Śrī）の可能性も示唆する。

(20) 妙勝園ともいわれる（『国訳一切経』律部一四、二八頁、脚注三四）。

(21) 金輪王、金輪聖王、もしくは金輪。四種の転輪王（cakravartin）の一人。巻末の「語彙解説」の「転輪王」の項を参照されたい。

（22）『国訳一切経』律部二四、二九頁、脚注三五参照。
（23）〝幻化〟は Māyā の訳語である（音写語が〝摩耶〟）。
（24）『国訳一切経』律部二四、三〇頁、脚注三八参照。
（25）森章司・本澤綱夫「Mahāpajāpatī Gotamī の生涯と比丘尼サンガの形成」（『原始仏教聖典資料による釈尊伝の研究』『中央学術研究所紀要』モノグラフ篇、第一〇論文、二〇〇五年）七頁参照。
（26）Buddha Jātaka Saṃgraha Sūtra（筆者による還元サンスクリット）
（27）大正三巻所収（No. 190）。北インド出身の闍那崛多（五二三～六〇〇年）により五八七～五九一年（もしくは五九二年）に訳出。
（28）テキストは、マハーパジャーパティーに七人の姉妹がいたことだけを伝える。
（29）Kṛṣṇagābhī（筆者による還元サンスクリット）
（30）Kṛśāgābhī（筆者による還元サンスクリット）
（31）同テキストによれば、「隋の時代に彼女は〝大慧〟（Mahāprajñā：筆者による還元サンスクリット）と呼ばれ、また〝梵天〟ともいわれた」という（隋言大慧亦云梵天）。
（32）スメール山（須弥山）の四方を囲む四大陸、すなわち南の贍部州、東の勝身州、西の牛貨州、北の倶盧州を指す。
（33）一般に七宝といえば、金・銀・瑠璃・玻璃・硨磲・珊瑚・瑪瑙を指すが、ここでいわれているのは、転輪聖王になった者が必ずそなえるという武器や乗り物、宝物、臣民などのことで、伝統的に輪宝・象宝・馬宝・珠宝・女宝・居士宝・将軍宝の七とされている。
（34）おそらく「多くの子供に恵まれる」という意味の比喩表現であろう。

（35）このテキストに見える人名の原語は、特に注記のないかぎり、『国訳一切経』本縁部二、六八〜七〇頁に拠る。
（36）Mahāpajāpatī Sūtra（筆者による還元サンスクリット）
（37）法賢訳（おそらく九八五〜九九四年のあいだ）大正三巻、（No. 191）九三七頁下〜九三八頁中。
（38）「其れ女身の相にして八の乳あり。相師は占って曰く〝この女、後時にまさに貴子を生み灌頂王の位を紹ず〟と」。
（39）(a)「彼女の名はゴータミーといった。マハーマーヤーの妹であった」（AA, Vol. I, p. 339；BM, p. 521）。
(b)「ゴータミーというのが彼女の名字由来の名前であった。マハーマーヤの妹である」（ThiA, p. 135）。
(c)「そしてマーヤー夫人は、同じ母親から一緒に生まれた妹である」（DV, p. 96, chapter-XVIII, verse no. 7）。
（40）MA, Part-V, p. 66,〈Dakkhiṇāvibhaṅgasuttavaṇṇanā〉
（41）(a)「さてそのとき、世尊の弟であり叔母の息子である尊者ナンダは多くの比丘たちに次のように話しかけた」（Ud, p. 21, Vagga. III,〈Nandavaggo〉）。
(b)「さてそのとき、世尊の叔母の息子である尊者ナンダは……」（SN, Vol. III, p. 281）。
(c)「世尊の弟であり叔母の息子である尊者ナンダは容姿は、端麗で見目麗しく、四肢は柔軟であった」（VP, Vol. IV, p. 173,〈Pācittiya-XCII〉）。
(d)「彼は命終えるまで善行を行ない、天界と人間界への転生を幾度も繰り返した後、カピラ城にいたマハーパジャーパティー・ゴータミーの胎内に生を結んだ。そして彼の名づけの日に、親族が集い喜び（nandati）、満足したことから、まさしく〝ナンダ（喜悦）童子〟と名づけられたのである」（AA, Vol. I, p. 315,〈Nanda〉）。

(e)「一時、仏は舎衛国祇樹給孤独園に在り。爾時、長老難陀は鮮浄衣を著け、好鉢を執持し、意気憍慢にして余人を陵蔑し、自貢高言す〝我、是れ仏の弟にして姨母の子なり〟と」（『別訳雑阿含』大正二巻、三七四頁下～三七五頁上）。

(f)「其の時、尊者孫陀羅難陀は仏の姨母子にして大愛道の所生なり。三十相あり」（『摩訶僧祇律』巻第十八、「単堤四八」大正二二巻、三六九頁下）。

(g)「尊者孫陀羅難陀、是れ仏の姨母子なり。三十相あり」（『摩訶僧祇律』巻第二十一、「単堤八九」大正二二巻、三九四頁上）。

(h)「尊者長老難陀、是れ仏の弟にして姨母の生む所、仏と身相似して三十相あり。仏の四指を短く」（『十誦律』巻第十八、「波逸提九十」大正二三巻、一三〇頁中）。

(42) (a)「……かのブッダを生んだ釈迦族の王家に生を受け、ナンダーと名づけられた。後代になり、容貌の美しさゆえに、見目麗しきナンダー（スンダリー・ナンダー）、国一番の美女として広く知られた。彼女は……〝母マハーパジャーパティー・ゴータミーも出家された〟と思うようになった」（ThiA, p. 79）。

(b)「神々や人間の世界を幾百千回と輪廻したのち、我らが師が生まれるその前に、マハーパジャーパティー・ゴータミーの胎内に宿った。ナンダーと名づけられ、麗しきナンダーといわれた」（AA, Vol. I, pp. 363-364）。

(c)「彼女は一日中、考えたという。〝年長の兄が王の吉祥を捨てて出家し、世にこの上ない方、ブッダとなられた。その息子ラーフラ童子も出家した、私の夫も出家した。私の母も出家した。これだけの親類縁者が出家したというのに、私だけ家にとどまって何ができよう、私もまた出家しよう〟……」(DhA. Vol. III, p. 113.〈Janapadakalyāṇīrūpanandātherivatthu〉)。

(43) Sundara Nanda(筆者による還元サンスクリット)

(44) この話は大部分のテキストには見当たらない。そのうち数少ない例を以下に挙げておく。

(a)「……菩薩が生まれて七日後に、菩薩の母は亡くなられた」(DN, Vol. II, p. 14)。

(b)「……世尊の母がおられた。世尊が生まれて七日後に世尊の母は亡くなられた」(Ud, p. 48)。

(c)「……そして菩薩の母は、菩薩が生まれて七日後に亡くなられ、兜率天に転生された」(J, Vol. I, p. 52)。

(d)「マハーマーヤーは彼の生まれた日から七日目に亡くなられ、兜率天に転生された」(AA, Vol. I, p. 340)。

(e)「但だ惟だ仏生れて七日にして大后薨す」(『仏母般泥洹経』大正二巻、八六九頁中)。

(f)「我生れて七日にして母は終亡す。大愛道、自ら我を育養し、長大するに至る」(『中本起経』「瞿曇弥来作比丘尼品第九」大正四巻、一五八頁下)。

(g)「麻耶夫人、仏を生みて七日にて便ち即ち命終したまえり」(『根本説一切有部毘奈耶雑事』大正二四巻、四〇五頁上)。

(h)「其の菩薩の母、菩薩を生み已りて七日にて命終し、三十三天に生ず」(『根本説一切有部毘奈耶破僧事』巻第三、大正二四巻、一〇九頁上)。

(45) (a)「マハーパジャーパティー・ゴータミーは、世尊の叔母であり、養母であり、乳母であり、世尊の実母が亡くなられてから乳を飲ませていた」(MN, Vol. III, p. 253〈Dakkhiṇāvibhaṅga suttaṃ〉)。
(b)「世尊よ、この私、マハーパジャーパティー・ゴータミーは世尊の叔母であり、養母であり、乳母であり、世尊の実母が亡くなられてから乳を飲ませ……」(VP, vol. III, p. 289)。
(c)「勝者《ジナ》(釈尊)の叔母であるマハーゴータミー比丘尼」(AP. Part. II, p. 529, verse no. 2)。
(d)「マーヤー妃は同じ母親からともに生まれた妹であり、世尊に乳を飲ませた、慈しみに満ちた母であった」(DV, p. 96, Chapter-XVIII, verse no. 7 & 8)。
(e)「しばらくのあいだ、渇きを抑え、私はあなたに乳を飲ませた」(ThiA, p. 141, verse no. 36)。
(f)「勝者《ジナ》と呼ばれるその方の叔母であり、仏の養母であった」(ThiA, p. 144, verse no. 63)。
(g)「その頃、ナンダ童子がお生まれになったが、かのマハーパジャーパティーはナンダ童子を乳母に預け、自らは菩薩を育てられた」(AA, Vol. I, p. 340)。
(h)「〝乳母〟とは育ての親である。あなたたちの手足が、手足でなすべきことを成し遂げられないでいる期間、手となり足となり、養い、世話をするという意味である。〝養母〟とは、一日に二、三回、沐浴させ、食べさせ、飲ませて、あなたたちを養うことである。〝(世尊に)乳を飲ませ〟とは、菩薩がナンダ童子より、数日だけ早生まれであったからといわれている。(MA, Part-V, p. 69,〈Dakkhiṇāvibhaṅgasuttavaṇṇanā〉)。
(i)「尊者阿難は復た白して曰く〝世尊、瞿曇弥大愛は世尊の為に饒益するところ多なり。所以はいかん。世尊の母の亡き後に瞿曇弥大愛は世尊を鞠養す。世尊は告げて曰く〝是の如し阿難、是の如し阿難。瞿曇弥大愛は多く我を饒益す。謂く母の亡き後に我を鞠養す〃」（『中阿含経』巻第二十八「瞿曇弥経」大正一巻、六〇五頁下）。

(j)「是に於て尊者阿難は白して曰く〝世尊。此の大生主瞿曇弥は世尊を饒益するところ多なり。世尊の母命終して後、世尊を乳養す〃と。世尊は告げて曰く〝是の如し阿難、是の如し阿難。大生主瞿曇弥は実に我を饒益するところ多なり。我が母命終して後、我を乳養す〃」（『中阿含経』巻第四十七「瞿曇弥経」大正一巻、七二二頁上）。

(k)「〝唯だ世尊、大女人瞿曇弥は是を益する所あり。世尊の母命終してより此れを長養し乳を哺む〃〝是の如し阿難、是の如し阿難。此の大女人瞿曇弥は多く益する所あり。我が母命終してより此れ乳を以て哺み我を長養す〃」（『仏説瞿曇弥記果経』大正一巻、八五六頁下）。

(l)此の摩訶波闍波提苾芻尼は是れ仏の親にして大恩徳あり」（『仏説分別布施経』大正一巻、九〇三頁）。

(m)「阿難は仏に白して言さく〝憍曇弥母人は乳を哺み、如来の色身を養育す。今仏を得るに至るは母人の成立する所なり。母人は如来に大恩分あり〃」（『大方便仏報恩経』大正三巻、一五三頁下）。

(n)「阿難は復た言く〝今大愛道は多く善意有り。仏初めて生れし時は力めて自ら育養して長大するに至る〃仏は言く〝是れ有り。阿難、大愛道は信に善意多く我に恩あり。我生れて七日して母終亡せしに、大愛道は自ら我を育養して長大するに至る。今我は天下に仏と為るも、亦た多く大愛道に恩徳あり〃」（『中本起経』「瞿曇弥来作比丘尼品第九」大正四巻、一五八頁下）。

(o)「阿難は復た仏に白して言さく〝仏生れて日少なくして母便ち命終す。瞿曇弥は世尊を乳養して長大するに至る〟」(『五分律』巻第二十九「第五分之八大比丘尼法」大正二二巻、一八五頁下)。

(p)「阿難は仏に白して言さく〝摩訶波闍波提は仏に大恩あり。仏母命過して世尊を乳養し長大す〟仏は阿難に語さく〝是の如し、是の如し。我に大恩あり。我が母命過して我を乳養し長大せしむ〟」(『四分律』巻第四十八「比丘尼揵度第十七」大正二二巻、九二三頁上)。

(q)「具壽阿難陀は復た仏に白して言さく〝是の大世主、世尊の処に於て誠に大恩あり。仏母、命終して乳養して大なるに至る。豈、世尊は慈悲もて摂受せざるや〟と」(『根本説一切有部毘奈耶雑事』巻第二十九、大正二四巻、三五〇頁下段)。

(46)「〝(世尊に)乳を飲ませ〟とは、ナンダ童子が菩薩より数日だけ早生まれであったからといわれている。彼が生まれたとき、マハーパジャーパティーは自分の息子を乳母たちに(dhātīnaṃ:テキスト dhāninaṃ はおそらく誤植であろう)預け、自らは菩薩のために乳母としてなすべきことを為し、自身の乳を飲ませたのである」(MA, Part-V p. 69〈Dhakkhiṇavibhaṅgasuttavaṇṇanā〉)。

(47) J. Vol. II, p. 199-202,〈Jātaka No. 222〉

(48) ナンディヤ(Nandiya)は、物語の終わりの方ではマハーナンディカ(Mahānandika)とも呼ばれている。

(49) テキストの標題はチューラナンディヤ(Cūlanandiya)なのに、本文ではチュッラナンディヤ(Cullanandiya)となっている。チューラ(Cūla)にせよ、チュッラ(Culla)にせよ、「小さい」という意味であることは変わりない。別の箇所ではチュッラナディカ(Cullanadika)とも呼ばれている。

(50) 八大地獄のなかで最も過酷な地獄。詳細は巻末の「語彙解説」を参照されたい。

(51) J. Vol. III, p. 177-182,〈Jātaka No. 358〉

第二章　在家信女として(52)

優婆夷になる

マハーパジャーパティーがいつ在家弟子になったかは定かでない。だが、彼女の生涯をめぐるいくつかの物語によれば、彼女がブッダとその教えに帰依したのは、ブッダ（めざめた人）となった息子と最初に面会するより以前のことであったと推測される。マハーパジャーパティーの在家生活の様子を示唆する、いくつかの異なる資料から手に入る情報を、順を追って並べてみよう。

ブッダが成道《じょうどう》の後、初めてカピラヴァッツに父親のスッドーダナ王を訪問したとき、彼は「法を行なえ」という有名な説法をしている。これは「人は正しく生きるべきである」という意味である。

行ない善き人の法を行なえ。行ない悪しき人の法は行なうな。

法を行なう者は、此岸《しがん》にて、また彼岸《ひがん》にて、安楽に住する（『ダンマパダ』第一六九偈）。

この偈《げ》を聞いたとき、スッドーダナ王は一来《いちらい》(53)になり、マハーパジャーパティーは預流《よる》(54)になった、といわれる(55)。

『テーラガーター注』は、尊者ナンダについての解説のなかに、これと非常によく似ていて、少しだけ付加のある話(56)を伝えている。そこでは、訪問の二日目に、ブッダは「奮い立て」という偈を説いている。

奮い立て、怠惰に陥ることなく、行ない善き人の法を行なえ。

法を行なう者は、此岸にて、また彼岸にて、安楽に住する（『ダンマパダ』第一六八偈）。

この偈を聞き、彼の父であるスッドーダナ王は、預流になったという。その後、続く偈（先に引いた『ダンマパダ』第一六九偈）を聞いて、彼は一来となった。『ダンマパダ注』の記述とは異なり、彼は、第二段階（一来）の前に、まず第一段階（預流）を経てから、さとりへと導く道に入っていったという。

しかし、前生《ぜんしょう》物語（ジャータカ）のひとつによれば、スッドーダナ王は、ブッダが成道後初めて来訪したときに、「大ダンマパーラ前生物語」(No. 447)を聞いて不還《ふげん》になったという。(58) マハーパジャーパティーがどうなったかは不明である。

スッドーダナ王が死んだとき、世尊はヴェーサリーに居た。そのとき、マハーパジャーパティーは世俗を捨てて出家者となり、僧団(サンガ)に加わることを考えた。(59)

衣を捧げる

マハーパジャーパティーの在家弟子時代の話で、よく知られたエピソードがある。ある日、世尊はカピラヴァッツのニグローダ(バンヤン)樹園におられた。漢訳資料によると、それはブッダにとって、成道《じょうどう》後初めてのカピラヴァッツ滞在であったという。(60) 当時マハーパジャーパティーはまだ在家の弟子であった。仏が家庭で過ごした二十九年間、母として彼女は、愛息に檳榔《びんろう》の実ひとつすら与えることができなかった。そこで一組の衣をさしあげたいと願った。(61) 王宮にはさまざまな高価な衣類があったが、彼女はそれに満足しなかった。彼女は自分自身で満足ゆくまで作りあげた衣を差し上げようと決意した。道すがら、市場で綿を調達し、自らの手で砕き、叩いて、細い繊維にして紡いだ。それから小屋を建て、織職人を呼んでそれを織らせ、食事は自らの分を職人たちに与えた。時が経つにつれて、彼女は取り巻きの釆女《うねめ》たち(62)に囲まれ、職人たちの機織り部屋にやってきては、機織りの杼《ひ》を取り、彼女自身の手で織っていった。

衣が準備できると、彼女は織職人たちに相応の謝礼を支払い、衣を良い香りのする籠に注意深く保管し、付き人に衣服を預け、スッドーダナ王に、「私は息子のために衣を持っていきます(63)」といった。王は旅に必要な準備をするよう命じた。道は清められ、水の満たされた幸運の水差し(64)が持たされた。王国の旗や垂れ幕がかかげられ、王宮からニグローダ樹園までは花で飾られた。マハーパジャーパティーは、ありとあらゆる宝石で飾り立てられ、釆女たちに囲まれ、衣を入れた籠を頭の上に乗せて、世尊の許へ行った(65)。到着すると、彼女はいった。「世尊よ、これはあなたのために作った新しい衣の一組です。私が紡いで織ったものです。世尊よ、願わくば私を哀れみ、これを受けたまえ(66)」。がしかし、世尊はそれを受け取ることを拒み、答えた。「ゴータミーよ、それを僧団(サンガ)に与えたまえ。もしこれを僧団に与えたならば、比丘僧団と私とは、ともに供養されたことになる(67)」。

世尊がそのようにいうと、マハーパジャーパティーは掌を組んで訴えた。「世尊よ、私はただちに服屋に行き、幾百、幾千、幾万人の比丘たちのためにでも(68)衣を持ってまいりましょう。しかしこの一着だけは、私があなた様のために紡ぎ、織ったものでございます。

ですから、どうかこれをお受けください[69]」。

マハーパジャーパティーは三度懇願したが、世尊はそのたびに拒絶した。その場に居合わせていた尊者アーナンダは、彼女に深く同情し、見かねてブッダに進言した。「世尊よ、マハーパジャーパティー・ゴータミーは、あなたのためにとても尽くしました。この方はあなたの母方の叔母であり、あなたを取り上げた人であり、実の母君が亡くなられてからというもの、あなたの面倒を見て、乳を与え養った方ではありませんか。世尊よ、逆にあなたもこの方のために尽くさなければなりません[70]。あなたがおられたから、この方は仏・法・僧に帰依したのですし、在家者に示された五戒、すなわち、不殺生《ふせっしょう》・不偸盗《ふちゅうとう》・不邪淫《ふじゃいん》・不妄語《ふもうご》・不飲酒《ふおんじゅ》を守ってきたのです。この方はあなたの教えに正しく従い、仏・法・僧への信心に専念してきました。聖者たちも満足するほど戒を成就しております。仏によって示された四聖諦《ししょうたい》の教え、すなわち苦・集・滅・道を明瞭に理解しております。ですからどうか、この方から新しい衣を受けてください[71]」。

アーナンダによる以上の発言は、マハーパジャーパティーが敬虔な在家信者であったことを裏付けている。

そこで世尊は尊者アーナンダに「十四対人施《たいじんせ》」について説明した[72]。これらの布施によって受ける利益《りやく》は、布施する相手の徳に準じて十四に等級づけられている。その内訳は以下のとおり。

(1)如来・阿羅漢《あらかん》・正等覚者《しょうとうがくしゃ》（如来・解脱者・完全に目覚めた者）に対する施。
(2)独覚《どっかく》に対する施
(3)如来の弟子である阿羅漢（解脱者）に対する施
(4)阿羅漢向（解脱の成果を実現する道に入った人）に対する施
(5)不還に対する施
(6)不還向（不還の成果を実現する道に入った人）に対する施
(7)一来に対する施
(8)一来向（一来の成果を実現する道に入った人）に対する施
(9)預流に対する施
(10)預流向（預流の成果を実現する道に入った人）に対する施
(11)欲繫《よくけ》を離貪《りとん》した外道《げどう》に対する施
(12)戒律を守っている一般人（凡夫《ぼんぶ》）に対する施
(13)戒律を守っていない一般人に対する施
(14)動物に対する施[73]

次にブッダは、これらの布施によって得られる利益について説明した。動物に施しをなせば、その百倍の功徳が得られ、生活の乱れた一般人に施せば、千倍の功徳がある。正しく生活する一般人に施せば、功徳は十万倍となり、欲望の束縛を断じた異教徒に施せば、一億倍の功徳が得られる。預流向《よるこう》（預流の成果を実現する道に入った人）に布施したときの功徳は量り知れない。預流果《よるか》、一来向《いちらいこう》、一来果《いちらいか》、不還向《ふげんこう》、不還果《ふげんか》、阿羅漢向《あらかんこう》、阿羅漢果《あらかんか》、独覚《どっかく》、そして如来・阿羅漢・正等覚者に施せば、どうなるかは推して知るべし[74]。

さらに世尊は、尊者アーナンダに、僧団（サンガ）に対する七種類の布施について説明した。それらは以下の五徳である。

(1)ブッダを上首《じょうしゅ》とする両僧団[75]に対する施
(2)大般涅槃《だいはつねはん》後の両僧団に対する施
(3)比丘僧団に対する施
(4)比丘尼僧団に対する施
(5)施者のために僧団から選ばれた任意の人数の比丘・比丘尼に対する施[76]
(6)施者のために僧団から選ばれた任意の人数の比丘に対する施
(7)施者のために僧団から選ばれた任意の人数の比丘尼に対する施[77]

これらのうちで最上の布施は「ブッダを上首とする双方の僧団に対する施」である(78)。「ガーウタミー経(79)」（『中阿含経』所収「瞿曇弥《くどんみ》経《きょう》」(80)）では、ブッダを上首とする比丘僧団のみとなっており(81)、比丘尼僧団はそこに含まれていない。中部経典注『パパンチャ・スーダニー』によれば、これに匹敵する施はないという(82)。なぜなら、この比丘僧団・比丘尼僧団の両者、そしてブッダへの布施は特権的なものであり、それから受け取る利益には量り知れないものがあるからである。

この事件の結果として、世尊・ブッダは「布施の分類」という教えを説いて、さまざまな種類の布施とその功徳について分析した(83)。これらのエピソードは、『ミリンダ王の問い(84)』およびいくつかの漢文テキスト(85)のなかに、若干異なった形で記述されている。漢訳『五分律《ごぶりつ》』（化地部《けじぶ》の律(86)）に見いだされるエピソードは、冒頭部分が少々異なっている。世尊がカピラヴァストゥ（カピラヴァッツ）近郊のバンヤンの樹の下にいると、父王のシュッドーダナ（スッドーダナ）が彼を訪ねてきた。おそらくこれは、世尊にとって最初のカピラヴァストゥ訪問であり、父親は彼が悟りを得てから初めて顔を見たのであろう。その証拠に、父王は偈文で、「私は知らせを聞いて初めて礼拝しに来た」といっている(87)。王が見たとき、世尊の顔は黄金の山のように輝いており、王はその足に三度礼拝した。世尊は種々の妙法をもって説法した。シュッドーダナ王は、世尊に自身の出家を中し出て、具足戒を受けたいと相談した。しかし、世尊は彼に在家信者であることを勧めた。そこで王は仏と法と僧との三宝に帰依し、五戒を受けた。

　そして彼は宮殿に引き返し、王宮の庭で、「私は、もし誰かが世尊の正法と律とに入ろう（出家しよう）と申し出る者がいたら、それを認めるつもりだ」と三度誓った(88)。マハーパジャーパティーはその言葉を聞くと、五百人の釈迦族の女たちを率い、二つの外衣を手にしてブッダの許を訪ねた。「世尊よ、私はこの外衣を、あなたのために私自身の手で紡ぎました。どうかお受け取りください」と。しかし世尊は彼女に、それは僧団に対して布施するように、そうすればより大きな功徳があると助言した。彼女が再び懇願すると、世尊は再び、それを僧団に対して布施するように、なぜなら自分自身も僧団の一員だから、と説いた。しかし、それでもなお、マハーパジャーパティーは三度外衣を受けてくれるよう懇願した。今度は世尊は、二つのうちひとつの外衣を受け取り、もうひとつを僧団に布施するようにいった。そこでマハーパジャーパティーは世尊の教えを受け、ひとつの外衣をブッダに、そしてもうひとつを僧団に寄進したのだった(89)。

　その後、世尊は布施の種類についての法話はしなかった。衣の布施の後にはむしろ、マハーパジャーパティーがブッダに、女性たちも出家できるようにお願いしたのである(90)。

『分別布施経《ふんべつふせきょう》』(91)では、マハーパジャーパティーは、すでに比丘尼になってから新しい衣を布施しようとしている[92]。このテキストはまた、十四種類の布施についても説明していて、それはおおむね先に見たパーリ資料と一致している。こちらでは、より上位のものへという順になっており、一番最初に挙げられるのは病人への布施である（動物ではない）[93]。しかしながら、すべてのテキスト、パーリ資料と漢文資料の双方ともに、マハーパジャーパティーがブッダのために自身の手で衣をつくったことについては一致している。

優婆夷としての過去世物語

釈迦牟尼仏の出現以前にも、何人かの仏陀が存在していたという信仰がある。南伝では、過去二十四仏あるいは二十七仏がいたことになっていて、北伝では過去五十二仏が信じられている。しかしこのような教義が出現する以前、原始仏教の時代においても、釈尊を含め過去七仏が存在したことは認められていた。

『ブッダヴァンサ』には、下記のとおり二十五人にわたる過去仏の名が列挙されている。――燃燈仏《ねんとうぶつ》（Dīpaṅkara Buddha）、コーンダンニャ仏（Koṇḍañña Buddha）、マンガラ仏（Maṅgala Buddha）、スマナ仏（Sumana Buddha）、レーヴァタ仏（Revata Buddha）、ソービタ仏（Sobhita Buddha）、アノーマダシ仏（Anomadassi Buddha）、パドマ仏（Paduma Buddha)、ナーラダ仏（Nārada Buddha)、パドムッタラ仏（Padumuttara Buddha)、スメーダ仏（Sumedha Buddha)、スジャータ仏（Sujāta Buddha)、ピヤダッシ仏（Piyadassi Buddha)、アッタダッシ仏（Atthadassi Buddha)、ダンマダッシ仏（Dhammadassi Buddha)、シッダッタ仏（Siddhattha Buddha)、ティッサ仏（Tissa Buddha)、プッサ仏（Phussa Buddha)、毘《び》婆《ば》尸《し》仏《ぶつ》（Vipassi Buddha)、拘《く》那《な》含《ごん》牟《む》尼《に》仏《ぶつ》（Koṇāgamana Buddha)、迦《か》葉《しょう》仏《ぶつ》（Kassapa Buddha）そしてゴータマ仏（Gotama Buddha）である。最後の七人は、伝承に違いはあるが、一般に「過去七仏」という総称で広く知られている(94)。

マハーパジャーパティーは、過去仏たちの時代においても、在家信女としてその出産に立ち会ったとされている。彼女の前世について語る資料はごくわずかであるが、そのうち重要なものは、『テーリー・アパダーナ』(95)、『テーリーガーター注』(96)、『マノーラタ・プーラーニー』（増支部経典注）(97)、『パパンチャ・スーダニー』（中部経典注）(98)および「仏教改革の女性リーダーたち」(99)である。これらのテキストには、彼女の過去世の出来事がより詳しく、具体的に語られている。

マハーパジャーパティーの過去世物語は、テキストによってある程度異なっている。大きな違いについては注に示すことにして、いまここにそれら資料を要約すれば、おおむね以下のような物語となる。

第十番目の仏であるパドムッタラ仏の時代、マハーパジャーパティーは、ハンサーヴァティーの町の、裕福で大いに繁栄した貴族の家に、一人娘として生まれた。ある日、彼女は、父親、そして大勢の召使い女たちとともにブッダの説法を聴きに出かけた。[100]そのとき、彼女は世尊がひとりの比丘尼を、比丘尼たちのなかで最も重要な比丘尼として指名するのを聞いた。[101]一部の資料は、それを「とある比丘尼」とだけいうが、[102]『テーリー・アパダーナ』と『テーリーガーター注』における引用部分は、はっきりとその比丘尼は世尊の母方の叔母であるといっている。[103]それを聞いて、彼女は七日間におよぶ「大いなる布施」をブッダとサンガに施して、[104]彼女自身も同じ場所に居ることを望んだ。世尊は彼女を讃え、「百千劫の後に、[105]オッカーカ族（甘庶氏《かんしょし》）のゴータマとして転生するブッダのもとに、叔母であり育ての親にあたるゴータミーという比丘尼があらわれるだろう。彼女は長いあいだ、比丘尼たちのなかで最も重要な比丘尼でありつづけるだろう」[106]と予言した。[107]彼女は嬉しくなって、戒を守り、布薩を行ない、[108]生涯かけて、死ぬまで供養を行なった。[109]

それから彼女は三十三天[110]に転生し、「不死者」（おそらく帝釈天のことであろう）の妃に生まれた。[111]彼女は十種の美徳において他を凌駕していた。「姿」「声」「匂い」「味」「感触」「寿命」「色」「幸福」[112]、そして「名声」である。[113]

彼女は天界と人間界に何度も生まれ、百千劫の後に、[114]バーラーナシー（カーシー）の五百人の召使い女たちの指導者に生まれた[115]。カーシャパ仏の滅後、釈尊が生まれる前の、ブッダなき時代のことであった[116]。『テーリー・アパダーナ』によれば、五百人の召使いがいて、彼女はその首長の妻だったという[117]。『パパンチャ・スーダニー』は、もっと明瞭な情報を与えてくれる。奴隷たちの指導者は、ほかでもない尊者ナンダだったというのだ[118]。

　雨季に入ったある日、五人（もしくは五百人）[119]の独覚（辟支《びゃくし》仏《ぶつ》）[120]たちがナンダムーラカ洞窟[121]からイシパタナ[122]にやって来た。雨季をしのぐための小屋を造ってくれる職人を捜していた彼らは、夕暮れ時に町に入り、まず町の収入役の家に入った。水汲みに来たマハーパジャーパティーは、彼らが町に入るのを見た。収入役ににべもなく申し出を断られて戻ってきた彼らは、水汲み帰りのマハーパジャーパティーと出くわした。彼女はうやうやしくお辞儀をして、彼らのおかれた状況を理解した。そこで彼女は、この件を他の召使い女たちと相談して、独覚たちに奉仕しようと説得した。女たちはみな、夫を叱咤激励して、五人の独覚のために、五つの小さな小屋[123]とそのほかの必需品、すなわち飲み水と洗い用の水、寝床、椅子などを用意させたのである。

　こうして彼女たちは、彼らが雨季を過ごすあいだに必要なものをすべて調達した。彼女たちは五人の独覚たち全員に、毎日交替で食事を布施した。もし誰かが、食事がなくて布施できないような場合には、マハーパジャーパティーが家から持ってきて、担当者に渡して布施させた。このようにして、マハーパジャーパティーと五百人の召使い女たち（そしてその夫たち）は、雨季の三カ月のあいだ、(124)独覚たちに仕えた。

安居《あんご》の終わりに自恣《じし》の儀礼(125)がやって来たとき、マハーパジャーパティーは、五百人の召使い女たちに、(126)独覚たちへの布施として衣を贈ろうと提案した。めいめいが持ち寄った生地は粗雑なものであったが、精一杯の気持ちがこめられていた。マハーパジャーパティーはそれら五百の衣の断片を集めて、五人の独覚たちのための揃いの三衣に仕立て、布施として献じた。（雨安居《うあんご》が終わると）五人の独覚は、マハーパジャーパティーと召使い女たちの目の前で空中を飛翔し、ガンダマーダナ山（香酔山《こうすいせん》）(127)に飛んでいった。(128)それからはすべての召使い女たちが、生涯にわたって称賛に値する振る舞いをなし、歿後は天界に生まれた。(129)

マハーパジャーパティーもまた命終したが、しかし彼女はバーラーナシー近郊の村にある機織り人の家の織工の頭《かしら》の家に生まれた。ある日、パドマヴァティー(130)の息子たちの五百人の独覚たちが、パドマヴァティーに導かれ、バーラーナシーの王の宮殿に向かっていた。しかし彼らは城門のところで誰にも出会えず、そこを去って職工の村へやって来た。(131)マハーパジャーパティーは彼らを見て、礼儀正しく彼らに仕え、うやうやしく食事を献じた。彼ら五百人の独覚たちは食事を終えると、ガンダマーダナ山へと向かった。(132)

マハーパジャーパティーは生涯にわたって称賛に値する振る舞いをなし、何回かにわたって人間世界に、また天の世界に生を受けた。最後に、釈迦牟尼がブッダになった時代に、デーヴァダハのマハースッパブッダの家に、ゴータミーという名を受けて生まれたという。

(52) 優婆夷（upāsikā）。女性の在家信者。
(53) 一来（sakadāgāmin、Skt. sakṛdāgāmin）。巻末の「語彙解説」を参照。
(54) 預流（sotāpanna、Skt. srotāpanna）。巻末の「語彙解説」を参照。
(55) 「〝法を行なえ〟という偈によって、マハーパジャーパティーは預流果に、そして王は一来果に達した」（DhA, Vol. I, p. 115〈Nandattheravatthu〉）。
(56) 「二日目の托鉢の折りに、〝奮い立て、怠惰に陥ることなく〟という偈によって、父親は預流果に達して……」（ThaA, Vol. II, p. 32.）。
(57) 不還（anāgāmin、梵語同じ）。巻末の「語彙解説」を参照。
(58) 「真理の説明が終わったときに、王は不還果に達していた」（J, Vol. IV, no. 447, p. 55）。
(59) (a)「後に師はヴェーサーリーにやってきて重閣講堂に滞在された。その折りに、白い天蓋の下におられたスッドーダナ大王は阿羅漢果を現証して般涅槃された。そのときからマハーパジャーパティーは出家を願う気持ちを生じたのである」（AA, Vol. I, p. 341）。
(b)「白い天蓋の下におられたスッドーダナ大王は阿羅漢果を現証して般涅槃された。そのときマハーパジャーパティー・ゴータミーは、出家したいという願望を抱き……」（ThiA, pp. 135-136）。

(60)「爾の時、世尊は……迦維羅衛城に未だ至らずして尼拘類樹下に止まりたまいしに、浄飯王出迎す。……前みて仏足を礼して偈を説いて言く。〃生時に相師記しては、我聞いて初敬を致し……〃」(大正二二巻、一八五頁中)。

(61) おそらく、三衣(ticīvara)と呼ばれる三つ組の衣を指している。中部経典においては「一揃いの衣」(dussayugaṃ)といわれる(MN, Vol. III, p. 253)。『パパンチャ・スーダニー』(中部経典注)には「衣と外布」(cīvarasāṭaka)とあり、衣と外套、もしくは上着のことと思われる(MA, Part. V, p. 66)。彼女は当時まだ王妃であったし、王妃にとって調達の困難な品ではなかったはずだから、おそらく三衣を揃えて捧げたのであろう。

(62) 乳母衆(dhātīgaṇa)なる語(MA, Part-V, p. 67)は、「継母」もしくは「養母」を意味するが、ここでは女中や宮中の采女たちを示すと解釈する。

(63)「私たちの息子のために、これから衣と外布とをもって参ります」(MA, Part-V, p. 67)。

(64)「満瓶」(puṇṇaghaṭa)。今日のインドにも残る風習で、特に祝祭日などに用意される。

(65)「マハーパジャーパティーは、ありとある荘厳を以て厳飾し、采女衆に囲繞され、籠を頭に置いて、世尊の側に赴き……」(MA, Part-V, p. 67)。

(66) MN, Vol. III, p. 253

(67) MN, Vol. III, p. 253

(68) おそらく、僧団のすべての比丘たちに、という意味であろう。

(69) MA, Part-V, p. 67

(70) MN, Vol. III, p. 253

(71) MN, Vol. III, p. 253-254

(72) 「アーナンダよ、これらが十四種の〝特定の人に対する布施〟(pāṭippuggalikā dakkhiṇā)である」(MN, Vol. III, p. 254)。

(73) MN, Vol. III, p. 254-255

(74) 「アーナンダよ、そのうち、畜生に布施した後には百倍の施物が期待され、破戒の凡夫に布施した後には千倍の施物が期待され、持戒の凡夫に布施した後には十万倍の施物が期待され、欲貪を離れた外道に布施した後には十万コーティ倍の施物が期待され、預流果向に布施した後には無量阿僧祇倍の施物が期待される。ならば預流の場合はどれほどだろうか? 一来果向の場合はどれほどだろうか? 一来の場合はどれほどだろうか? 不還果向の場合はどれほどだろうか? 不還の場合はどれほどだろうか? 阿羅漢果向の場合はどれほどだろうか? 如来の弟子の阿羅漢の場合はどれほどだろうか? 独覚の場合はどれほどだろうか? 如来・応供・正等覚者の場合はどれほどだろうか?-」(MN, Vol. III, p. 255)。

(75) 比丘僧団(サンガ)・比丘尼僧団の両方を意味すると思われる。

(76) 逐語訳すれば以下のとおり、「施者が〝僧団がある一定数の比丘・比丘尼の方々を私にあてがってくださいますように〟といって行なう布施」。これは第六と第七の布施にも適用できる。

(77) MN, Vol. III, p. 255

(78) 「アーナンダよ、これらが七種の僧団に対する布施であり、〔それらのうち〕〝ブッダを上首とする双方の僧団に施す〟〔という〕これが最も勝れた僧団に対する布施である」(MN, Vol.III, p. 255)。

(79) 「瞿曇弥経」Gautamī Sūtra(筆者による還元サンスクリット)

（80）『中阿含経』巻第二十八、大正一巻、（No. 26）七二一頁下～七二二頁上。

（81）「仏在世の時は仏を首と為し、仏及び比丘衆に施す。是れ謂わく第一の施衆にして、大福を得、大果を得」（大正一巻、七二一頁上）。

（82）「〝これが最も勝れた〟とは、この施と等量の施などというものは存在しないからである」（MA, Part-V, p. 73）。

（83）(a) MN, Vol. III, pp. 253-257

(b) MA, Part-V, pp. 66-77

（84）MP, pp. 240-242

（85）(a)『中阿含経』「瞿曇弥経」大正一巻、七二一頁下～七二二頁上。

(b)『仏説分別布施経』大正一巻、九〇三頁中～九〇四頁上。

(c)『賢愚経』巻第十二、大正四巻、四三二頁中～四三六頁下。

(d)『大荘厳論経』巻第一、大正四巻、二六一頁上～二六一頁中。

(e)『雑宝蔵経』大正四巻、四七〇頁上。

(f)『五分律』巻第二十九、大正二二巻、一八五頁中～一九〇頁下。

（86）大正二二巻、（No. 142）。仏陀什（Buddhajīva, BCSD, p. 117r）・竺道生（Māgajina, BCSD, p. 11601）訳、四二三年～四三四年。

（87）事の詳細は後出の注(89)を参照されたい。

（88）「王は宮に帰り已りて庭中にて三唱すらく〝若し如来の正法と律の中に於て出家するを欲するは聴す〟と」（大正二二巻、一八五頁中）。

(89)「爾の時世尊は舎夷に還帰したまい、未だ迦維羅衛城に至らずして、尼拘類樹下に止まりたまいしに、浄飯王は出で迎え、遥かに世尊の容顔殊特にして猶し金山の若くなるを見て、前んで仏足を礼して偈を説きて言わく〝生時に相師記しては我れ聞いて初敬を致し、樹傾きし時稽首し、道成じて今、三礼す〟と。此の偈を説き已りて、却いて一面に坐す。仏は為に種種の妙法を説きたまい、乃至、見法得果し、坐より起ちて偏袒右肩し、胡跪合掌し仏に白して言さく〝世尊、願わくば我、与に出家して具足戒を受けたまわんことを〟と。仏は即ち之を観じたまうに、王、出家すれども更に所得なきを見たまえり。便ち王に白して言わく〝放逸なること莫れ、次第に自ら当に此の妙法を得べけん〟と。是に於て三帰五戒を受け、五戒を受け已るに、仏は更に為に種種の妙法を説き、示教利喜したまいて所住に還帰せり。王は宮に帰り已りて、庭中に三唱すらく〝若し如来の正法と律中に於て出家を欲せんには聴さん〟と。時に摩訶波闍波提瞿曇弥は王の此の唱を聞き、即ち五百の釈女と与に前後に囲繞せられ、二の新衣を持して出て仏所に至り、頭面礼足して仏に白して言さく〝世尊、我れ自ら此の衣を織りぬ。今以て奉せん、願わくば納受を垂れたまわんことを〟と。仏は言わく〝可しく以て僧に施すべし、大果報を得れば〟と。復た上の如くにす。仏は白して言さく〝可しく以て僧に施すべし、我れ僧数に在り。復た上の如くにす。仏は言わく〝我れ一を受くれば一を以て僧に施せ。然して後に教を受けて仏及び僧に施せり〟」（大正二二巻、一八五頁中）。

(90)「瞿曇弥は復仏に白して言さく〝願わくば女人、仏の正法に於て出家し具足戒を受くを聴したまえ〟」（大正二二巻、一八五頁中）。

(91) 大正一巻、(No. 84) 九〇三頁~九〇四頁、施護訳、九八〇年。

(92)「爾の時、一苾芻尼有り。摩訶波闍波提と名づく。新氎の衣を持し仏所を来詣す。仏の所に到り已りて仏足を頂礼し、退いて一面に住す。即ち仏に白して言さく〝世尊、この新氎の衣を我れ自らの手で作して世尊に奉上するなり、惟た願わくば納受したまえ〟と」(大正一巻、九〇三頁中~下)。

(93)「阿難、十四種の較量の布施有り、何等の十四なるや。一は病苦人に於て布施を行ず。二は破戒人に於て布施を行ず……」(大正一巻、九〇三頁下)。

(94) 詳細は『ブッダヴァンサ』、およびパーリ長部経典「マハーアパダーナ経」(DN, Vol. II, pp. 1-7) を参照。

(95) AP, Part-II, pp. 537-538, verse no. 94-114

(96) ThiA, p. 135, pp. 47-148

(97) AA, Vol. I, pp. 338-340, 〈Mahā-Gotamī〉

(98) MA, Part-IV, pp. 93-95

(99) Mabel Bode, "Women Leaders of the Buddhist Reformation" in The Journal of the Royal Asiatic Society, Great Britain and Ireland, Royal Asiatic Society, London, 1893, pp. 517-526,(スリランカ写本およびビルマ写本との校合に基づく『マノーラタ・プーラニー』当該部分の英語訳)、特に五一九頁~五二二頁を参照。

(100)『テーリー・アパダーナ』にのみ言及される(AP, Part-II, pp. 517-516)。

(101) おそらく、比丘尼たちのなかで、最も比丘尼の経歴が長い者(rattaññu)のことであろう(cf. ThiA, p. 135)。

(102)「長いこと師として首座にあった、とある比丘尼を(ekaṃ bhikkhuniṃ)見て」(AA, Vol. I, pp. 338 ; ThiA, p. 135 ; BM, p. 519)。

(103) AP, Part-II, p. 537, verse no. 99 ; ThiA, p. 147, verse no. 102

(104) 後出の注(106)に引く「世間を導く師と僧団を、七日間接待した」（AP, Part-II, p. 537）という偈文から察するに、ここでいう「施し」とはおそらく食事の布施であろう。

(105) 劫（kappa）とは、天文学的な期間を示す時間単位のこと。

(106)「世間を導く師と僧団を、七日間接待した彼女を私は讃えよう。
我が言葉を聞け。今から百千劫のとき、オッカーカ（甘蔗王）の家系に、
ゴータマと名づく者は生まれ、世間の師となる。
教えにおける相続人、嫡子、法相の後継者なるかの師に、
ゴータミーと名づく女弟子があらわれる。
かのブッダの叔母であり養母である輝かしいこの者は、
長らく比丘尼たちの首座を得ることであろう」（AP, Part-II, p. 537）。

(107) この句は、『テーリー・アパダーナ』にのみ見いだされる。

(108) 毎月四回定められた、在家信者が八斎戒を実践する日のこと。巻末の「語彙解説」を参照。

(109) AA, Vol. I, p. 338 ; BM, p. 519

(110) 三十三の神々の住居。

(111)「大仙たちよ、そこで不死なる者の妃となったのである」（AP, II, p. 537, verse no. 109 ; ThiA, p. 148, verse no. 112）。

(112)『テーリーガーター注』では、幸福（sukha）ではなく、学習（sekha）となっている（ThiA, p. 148, verse no. 111）。

(113) (a)テキストは十種の美徳といいながら、九しか挙げていない。
(b)『テーリー・アパダーナ』にのみ言及があり、『テーリーガーター注』にその一部が引用される。
(114) 百千劫（kappasatasahasraṃ）という特殊な周期の出典は、増支部経典注および『テーリーガーター注』（AA, Vol. I, p. 338 ; BM, p. 519 ; ThiA, p. 135）。
(115) 「カーシー王の領内」と明記しているのは、『テーリー・アパダーナ』のみ（AP, II, p. 538, verse no. 111）。
(116) この特殊な時期のことは、『テーリーガーター注』にだけ触れられている。「生涯のあいだ布施などの徳を行ない、百千劫にわたって天界および人間界に輪廻してから、迦葉仏と我々の世尊のあいだの、ブッダを欠く世界において、バーラーナシーの五百人の召使い女たちの長となった後、涅槃した」（ThiA, p. 135）。
(117) 「そのとき、ほかの誰よりも年長だった人がいて、その妻だったのが私です」（AP, II, p. 538, verse no. 111）。
(118) 「当時、召使い長だった人、それは長老ナンダだった。ゴータミーは召使い長の女であった。彼は召使い長のもとに仕えており、賢く、聡明であった」（MA, Part-IV, pp. 93-94）。
(119) 中部経典注『パパンチャ・スーダニー』（MA, Part-IV, p. 94）、増支部経典注『マノーラタ・プーラーニー』（AA, Vol. I, p. 338）、および『テーリーガーター注』（ThiA, p. 135）には「五人の独覚」とある。しかし、『テーリー・アパダーナ』（AP, II, p. 538, verse no. 112）、および「仏教改革の女性リーダーたち」（BM, p. 519）は五百人とする。

(120) 独覚（辟支仏）については、巻末の「語彙解説」を参照されたい。
(121) 『パパンチャ・スーダニー』では「ナンダムーラカ」(Nandamūlaka) ではなく、「ナンダムーラ」(Nandamūla) となっている (MA, Part-IV, pp. 94)。
(122) バーラーナシー（ベナレス）から十キロほど離れたサールナートに位置する。
(123) 『テーリーガーター注』には「五つの小屋を作り」(ThiA, p. 135) とある。ほかのテキストの記述には「百人ごとに一つずつ小屋を作り」などと、数は明言されていないが、やはり五つである (AA, Vol. I, p. 339 ; MA, Part-IV, pp. 95 ; BM, p. 519)。
(124) 『テーリー・アパダーナ』(AP, II, p. 538, verse no. 113) には「四カ月住して」とあり、同じ部分の『テーリーガーター注』の引用も同様である。
(125) 「自恣」(pavāraṇā) は、雨安居が終了したことを示す儀式である。それが終わると、在家信者が比丘、比丘尼に衣を寄進する迦絺那衣《かちなえ》の儀式が始まる。「このように三カ月間の世話を終えて、自恣が満了した時、召使い女ひとりひとりに、一着ずつ衣を献上させた」(ThiA, p. 135)。
(126) 『パパンチャ・スーダニー』では、女ではなく男の召使いとなっている (MA, Part-IV, p. 95)。
(127) 独覚たちの住居。巻末の「語彙解説」を参照されたい。
(128) 「そのとき彼女は、雨安居のあいだに、五人の独覚たちが、ナンダムーラカ洞窟からイシパタナに入り、托鉢のために村の中を歩き、そのイシパタナを出て、雨安居のあいだに使う小屋を建てるのに必要な職人を探しているのを見た。そこで彼女たち婢女と、その夫たちを教え諭して、経行などのための周辺環境も完備した五つの小屋を作らせ、床と座、飲み水、洗い水、器などを整えさせ、独覚たちが三カ月のあいだその同じ場所で居住できるよう、互いに交代で、最上の施食を用意した。自分の順番の日に施食できない者がいれば、自分で彼女自身の家から持ってきて与えた。このように三カ月間の世話を終えて、自恣が満了したとき、婢女ひとりひとりに、一着ずつ衣を献上させた。五百の粗布の衣があり、それを転じて五人の独覚たちの三衣に仕立てて寄進した。独覚たちは彼女たちが見ているまさにそのとき、空を通ってガンダマーダナ山に去って行かれた」（ThiA, p. 135）。増支部経典注『マノーラタ・プーラニー』（AA, Vol. I, p. 338-384 ; BM, p. 519-521）に語られた物語を要約したものと思われる。

(129) 以上の考察によれば、独覚の数は五百人ではなく、五人とした方が適切と思われる。

(130) 詳細は巻末の「語彙解説」を参照されたい。

(131) この部分の挿話は『マノーラタ・プーラニー』（AA, Vol. I, p. 340 ; BM, p. 521）だけに見える。

(132) 「彼女たちもまた、全員が命あるかぎり善をなし、天界に転生した。彼女たちのうち最年長の者は、そこから生まれ変わって、バーラーナシー近郊にある機織り人の村の、機織り人たちの頭の家に転生した。さて、ある日、パドマヴァティーの息子たちである五百人の独覚たちが、バーラーナシー王より招待を受け、王宮の門にやって来たが、目をかけてくれる人など誰も見いださず、引き返して城門から去ってゆき、その機織り人たちの村にやって来た。先述の女は独覚たちを見て、自ら親愛の情を抱いて、全員を礼拝して後、食を施した。彼らは食事の所作を終えると、ガンダマーダナ山に行かれた」（AA, Vol. I, p. 340 ; BM, p. 521）。

同じ話のより短いヴァージョンは、『テーリーガーター注』（ThiA, p. 135）に掲げられている。

第三章　尼僧として

出家の決意

前章で述べたように、マハーパジャーパティーはスッドーダナ王の逝去後、すでに俗世を棄てることを望んでいた。けれどもすぐには実行できそうもなくて、機が熟するのを待つしかなかった。マハーパジャーパティーが出家するきっかけとなったその事件について、増支部経典注『マノーラタ・プーラニー』はこんなふうに語っている。(133)

あるとき、釈迦族とコーリヤ族という二種族のあいだで大きな争いが起こった。ローヒニー河の水の分配をめぐる諍論《じょうろん》であった。この争いは「チュンバタの諍論」として知られている。(134)世尊はこのことを知って、それを止めたいと思ってカピラヴァッツへ行った。(135)『マノーラタ・プーラニー』によれば、それは世尊が悟りを得てから初のカピラヴァッツ訪問であったらしい。このとき、彼は第一日目にナンダを出家させ、第七日目にラーフラ王子を出家させている。(136)ふたつの種族が一触即発というとき、ブッダは空中から座禅を組んだ姿勢で、両者のあいだにあらわれた。彼は争い合うことのむなしさ、そして力を合わせることの大切さを伝えるために、前世を舞台にした寓話（ジャータカ）を五つ、すなわち「パンダナ前生物語」（No. 475）、「ダッダバ前生物語」（No. 322）、「ラティカ前生物語」（No. 357）、「ルッカダンマ前生物語」（No. 74）、「ヴァッタカ前生物語」（No. 33）[137]を語り、さらに『アッタダンダ経[138]』を説いて、双方の王を教え諭し、流血沙汰を未然に防いだ。ブッダの教えが両種族の王にどれほど深い感銘を与えたかは、各々が王子を二百五十名ずつ彼のもとに送った事実からも窺い知ることができる。このようにして、釈迦族とコーリヤ族より、計五百人の王子が一斉に弟子入りすることとなった。

しかし、彼らの妻たちが未練心をくすぐるような便りを送ってきたため、彼らは出家生活に集中できなくなってしまった。ブッダはそのことを知ると、彼らをクナーラ池に連れて行き、「クナーラ前生物語」（No. 536）という寓話によって女性の御しがたさを教え聞かせた。説法を聴くや、彼らはみな聖者となり、再び妻たちが便りを送ってよこしても、今度は取り乱すことなく、もう俗世の生活に戻ることはできない、と返事をした。夫たちからのこの返事に、釈迦族とコーリヤ族の五百人の妻たちは、「私たちも、もう家には居られない。マハーパジャーパティーのところへ行こう。行って出家の許しを請うてみよう」と考えた[139]。彼女たちはマハーパジャーパティーの許へ行き[140]、自分たちは俗世を放棄したいと説明した。このときマハーパジャーパティーは、初めて自身の出家への希望を世尊に訴える機会を得たのである。彼女はたくさんの釈迦族とコーリヤ族の女性たちを連れて、出家を求めて世尊を訪問した[141]。

前章で触れたように、『マノーラタ・プーラニー』と『テーリーガーター注』によれば、マハーパジャーパティーは、スッドーダナ王が亡くなったときには、すでに出家する気持ちに傾いていたという[142]。しかし『マノーラタ・プーラニー』の別の章によれば、彼女は望んだばかりではなく、ブッダの許へ行ってその思いを表明している[143]。

漢訳『五分律《ごぶりつ》』（化地部《けじぶ》の律）によれば、マハーパジャーパティーは、スッドーダナ王の宣言を聞くや、すぐさま二つの衣をもち、釈迦族の女性たちに囲まれて世尊の許へ向かった。そして衣を布施すると、直ちに出家の許しを請うたという[144]。そういう意味で、このテキストは、実は彼女はスッドーダナ王が亡くなるよりもずっと以前から出家を望んでいて、ただ実行する機会に恵まれなかっただけだ、と示唆しているようにも見える。

なお上記の説話からすれば、二百五十人の釈迦族と二百五十人のコーリヤ族の女性たちでなくてはならないところが、ほとんどのテキストには五百人の釈迦族の女性とのみ書かれていて、コーリヤ族の女性たちへの言及がない。『マノーラター・プーラニー』（Vol. I, p. 341）と「仏教改革の女性リーダーたち」（BM, p. 522）は、「五百人の王子たちの妻たち」といっている。これは双方の種族の女性たち五百人という意味であるように思われる。しかし、『テーリーガーター注』（p. 136）は、それは五百人の釈迦族の女性であると明示している。『サマンタ・パーサーディカー』（Vol. VI, p. 1291）もまた五百人の釈迦族の女性たちであるという。さらにまた、『マノーラタ・プーラニー』は何箇所かに注があり、どちらの解釈も出てくる。たとえば、「彼女たちは世尊の許へ近づいた」という句の注釈箇所では、両種族にまたがる五百人の女性たち、と説かれており、「多くの釈迦族の女性たちとともに」という箇所では、釈迦族のみに属する五百人の女たちとされる。

このように、マハーパジャーパティーの後に続いた女性たちについては、二つの異なる意見がある。しかしながら、漢訳テキストには、釈迦族の女性たちのみが言及されている。

僧団に入る

おそらくはゴータマ・シッダッタの成道後五年経ったころ、比丘尼僧団が成立する。[145]女性が出家するにいたった経緯については、細部においてくい違うさまざまな伝承が、多数の資料のうちに見いだされる。[146]パーリ文献のなかでは、増支部《ぞうしぶ》経典と律蔵小品《りつぞうしょうほん》、およびその注釈書類が、この特筆すべき事件について詳細に記録している。[147]以下の記述は、おおむねこれらパーリ資料に基づく。

ブッダがカピラヴァストゥ（カピラヴァッツ）のニグローダ（バンヤン）樹園におられたときのこと、マハーパジャーパティーはそこへ行って、女性が俗世を捨てて出家し、僧団に加わることを認めてくれるようブッダに願い出た。[148] しかしブッダは、そのようなことには関心をもたない方が身のためだ、と忠告した。マハーパジャーパティーは同じ願いを再び繰り返したが、世尊の答えに変化はなかった。いつも彼の冷たい返事はこうだった。

「ゴータミーよ、女人が、如来の教示する法と律のもとで、家から家なき状態へ出家することを喜ばしいことと考えてはなりません」。

ブッダの許可を得ることができず、彼女は淋しくその場を去った。

この話のあと、次の話にいたるまでに、どれほどの時が経ったのか、聖典は何も語らない。次の事件は、ブッダがヴェーサーリーの大林（マハーヴァナ）の重閣講堂に居たときに起こった。V・A・スミスの地図によれば、カピラヴァッツからヴェーサリーまでの距離はおよそ二百マイル（ほぼ三百二十二キロ）ある。[149] この事実の示すところによれば、徒歩でこの距離を移動するには何日もかかったに違いない。さらに、マハーパジャーパティーは、再びたくさんの釈迦族の女性とともにあらわれている。

Ｉ・Ｂ・ホーナーによれば、これは当時すでに一定数の女性の在俗信者（優婆夷《うばい》）が存在していたためだという。ホーナーはいう。「女性の在俗信者が、僧団活動の最初の五年のうちには存在していたであろうことは、ほぼ疑いえない。さもなくば、マハーパジャーパティーが熱狂的な大勢の女性信者たちに囲まれていたはずがない（150）」。

しかしながら、すべての女性在家信者たちが、世俗の生活を捨てたいと望んでいたわけではない。ゆえに、マハーパジャーパティーと同じ望みをもつ女性たちが続々と集うようになるまでには、それなりの時間がかかったことと思われる（151）。

ここでもまた、マハーパジャーパティーが一人でブッダに出家を願い出ようとしたのか、それとも他の女性たち（釈迦族の女たちばかり、あるいは釈迦族とコーリヤ族の女たち）と一緒であったか、という疑問をめぐっては論争がある。本章の冒頭にも言及した「チュンバタの諍論」の中では、出家した釈迦族とコーリヤ族の王子の妻たち五百人がマハーパジャーパティーと行動をともにしたと明言されている。しかし増支部経典と律蔵小品は、最初に出家の許可を仏に願い出たとき、彼女は独りであったと伝えている。ただ、たとえ五百人の女性たちが出家への希望を自ら表明していたとしても、最初にブッダのもとに許可を請いに行ったときには彼女一人だった可能性はある。しかし、それが叶わなかったとき、彼女は戻り、五百人の女性たちに取り巻かれて再びやってきた。そのことは、マハーパジャーパティーのみならず、長い距離を歩き抜いてでも出家を願い出たいと思う女性たちが多数いる、という事実をブッダに納得させた。

このようにマハーパジャーパティーは、一度はカピラヴァッツでブッダに拒まれたものの、けっして挫けなかった。彼女はたくさんの釈迦族の女性たちを率いてヴェーサーリーに行ってブッダを訪ねた。そのとき、彼女は髪を剃り上げ、（当時僧侶が着るように定められていた）黄色い衣を着ていた。ついて来た女性たちも彼女と同じ格好をしていたかどうかは聖典には言及されていないが、後に詳しく触れるように、すべての女性がマハーパジャーパティーと同じ身なりであったと思われる。

『テーリーガーター注』の記述によれば、マハーパジャーパティーは、スッドーダナ王の歿後に出家を望み、許可を請うために世尊を訪ねている。だが許可が得られなかったので、彼女は髪を剃り、黄色い衣をまとって、五百人の女たちに伴われて再びブッダを訪問している。その女たちは「諍論経[152]」の教えを聞いて出家したシャーキヤ族の王子の妻たちであった[153]。

『テーリーガーター注』の最初の章で、マハーパジャーパティーは自分自身では頭を剃っていない。彼女は理髪師を呼び寄せて髪を切らせている[154]。

マハーパジャーパティーは、「足は裸足で、身体は埃まみれで」、目に涙を浮かべ、そのときブッダが滞在していた住処《すみか》の前で待っていた。彼女の華奢《きゃしゃ》な足は、傷つき腫《は》れ上がっていた。外で待ちながら彼女は考えた。「ブッダが私に出家をお認めくださらないので、私は、ブッダの許可を得ないまま、出家僧の姿となることを自分で自分に許しました。いまや贍部《せんぶ》州《しゅう》（訳注：インド亜大陸）にいる誰もが、私の決断を知りました。師がお認めくだされば良いのですが、もし拒まれたとすれば、このうえなく恥ずかしいことです[155]」。このように、彼女は再び請い願うためにブッダの住処へ入って行くべきかどうか煩悶《はんもん》していた。最初の時のように大胆に問い質すことができなかったのである。

　増支部経典注『マノーラタ・プーラニー』はさらに、五百人の貴族の女たちの出家への旅のことも描いている。これらの女性たちがマハーパジャーパティーとともに旅立つとき、貴族育ちの華奢な娘たちが歩いて行くのは無理だろうと思った釈迦族とコーリヤ族の王たちは、金の輿《こし》を用意させた。しかし、出家への固い決意を胸に秘めた女性たちは、輿に乗っていくことは世尊を軽んずることだと考え、五十ヨージャナ（由旬《ゆじゅん》）[156]にいたる距離を徒歩で行くことにした。貴族の女性たちが歩いて長旅に出るのを見た王たちは、安全のために前後に護衛を配し、荷車に米とバター（ギー[157]）と油を満たして、「目的地の住居に食糧をそなえておけ」と命じた[158]。

世尊の従兄弟であり、もっとも身近な弟子である尊者アーナンダは、マハーパジャーパティーがそのような苛酷な状態にいるのを見て、理由を聞いた。彼女は、女性たちの僧団（サンガ）入団の許可を、ブッダが躊躇《ちゅうちょ》しているせいだと告げた。アーナンダは、これらの女性たちのあまりの様子を見かねて、彼女たちに代わって、僧団への参加の許可をブッダに訴えた。

しかし、師は前と同じように拒否するばかりであった。尊者アーナンダの懇願とブッダの拒絶は三度にわたって繰り返された。次にアーナンダは異なる手段に出た。彼は世尊に、もし女性が世俗の生活を捨てて出家した場合、預流果《よるか》(159)、一来果《いちらいか》(160)、不還果《ふげんか》(161)、阿羅漢果《あらかんか》(162)の達成は可能であるかどうかを訊《たず》ねたのである(163)。師は「可能だ」と答えた。それを聞いたアーナンダは、マハーパジャーパティーが養母として、そして乳母としてどれほどの恩恵を与えてくれたか、ブッダの記憶に訴えた。そして、ついに女性が僧院生活を送ることの認可をブッダから引き出したのである。このように、マハーパジャーパティーのすぐれて指導者的な資質、皇女としての毅然《きぜん》たる決意、その宗教的なめざめに加え、アーナンダの聡明な弁護があって、悲願ははたされた。

しかしながら、このブッダによって与えられた許可は、けっして単純なものではなかった。世尊は、女性僧団の活動を確認するための「八敬法《はちぎょうほう》」を命じた(164)。これらの八つの基本原則を受け入れることそれ自体が、マハーパジャーパティーにとって完全な受戒[165]の証となった。それら八つの法とは、以下のとおりである。

(1)比丘尼は受戒して百年を経ていても、その日出家した比丘に対して跪《ひざまず》き礼拝しなければいけない[166]。

(2)比丘尼は比丘のいない場所で雨安居《うあんご》を過ごしてはならない[167]。

(3)半月ごとに、比丘尼は比丘僧団に二つのことを請わなくてはいけない。すなわち、布薩[168]とおよび教誡とである[169]。

(4)雨季が終わったときに、比丘尼は両僧団のまえで三つの点について自恣《じし》[170]を行なわなければならない。すなわち〔戒律に触れるようなことを〕見なかったか、聞かなかったか、疑わなかったかである[171]。

(5)重要な規則に違反した比丘尼は、両僧団において半月のあいだ贖罪《しょくざい》(摩那埵《まなた》)[172]に甘んじなければならない[173]。

(6)見習い期間にある女性の出家志願者(式叉摩那《しきしゃまな》)[174]は二年のあいだ六つの規則[175]を守りぬいてから、両僧団において正規の出家を受けなければならない[176]。

(7)どのような状況においても、比丘尼は比丘を罵《ののし》ったり、非難してはならない[177]。

(8)今後、比丘尼による比丘への諫言《かんげん》は禁じられ、比丘による比丘尼への諫言は禁じられない。[178]

これらが、比丘尼が尊重し、生涯破ってはならないとされる八つの重要な規則である。[179]マハーパジャーパティーは、アーナンダからこの八つの規則のことを聞くや、心の底から喜んでこれを受け入れた。これによって、彼女の受戒が成し遂げられ、彼女は仏教世界で最初の比丘尼となったのである。

しかしながら、問題はこれで終わったわけではない。マハーパジャーパティーが八敬法を受け入れたことをアーナンダから聞くと、ブッダは次のように述懐したといわれている。

「もし、女性たちが世俗の生活を放棄して僧団に加わることを容認しなければ、正法は千年は続いたであろう。しかし、女性を受け容れてしまったために、それは五百年しか続かないことになってしまった[180]」。

「男性よりも女性の多い家は、強盗や泥棒により襲われやすい。実った水田が〝白カビ[181]〟という菌に侵されれば、その水田はもはや長くない。サトウキビ畑が〝赤カビ[182]〟という菌に侵されれば、そのサトウキビ畑ももはや長くない。それとまったく同様に、女性が法と律とのもとで世俗の生活を捨て、僧団（サンガ）に加わるならば、純潔な宗教生活（梵行《ぼんぎょう》）はもはや長くは続かないであろう(183)」。

さらにブッダは尊者アーナンダに向かって、「人があらかじめ堤防を造り、貯水池を用意することで、水の氾濫《はんらん》を防ぐように、まさしくそのように、私が前もって八敬法を命じたのである。だから比丘尼たちは生涯、逸脱した行動をとることはないだろう(184)」とも語った。

自らの出家の儀式を終えると、マハーパジャーパティーは世尊に、彼女に続いて同じように出家したいと望んでいる釈迦族の女たちに、どう対応したら良いだろうか、と訊ねた。世尊は、彼女たちは、比丘たちによって出家させられるべきであろうと答えた(185)。そこで五百人の釈迦族の女たちは、比丘僧団によって一挙に出家させられた。このようにしてマハーパジャーパティーと五百人の釈迦族の女たちは、正式に比丘尼になって、最初の比丘尼僧団を形成したのである。

しかし後になって、他の比丘尼たちは、マハーパジャーパティーだけが特定の師の前で出家しておらず、また黄色い袈裟を自分で用意してきたことを批判するようになった(186)。そしてそれを理由に、彼女と一緒に布薩と自恣を行なうことを拒んだ(187)。

律蔵はこのことを、もっと以前に起こった事件として描いている。世尊より八敬法を受けた後、マハーパジャーパティーは彼に、彼女に随《つ》き従ってきた女性たちも出家させてくれるよう懇願した。先述したように、ブッダは比丘たちが彼女たちを出家させることを認めた。釈迦族の女たちがこの儀式を受け終わったとき、彼女たちは、マハーパジャーパティーの出家儀礼は比丘たちによるものではないから、ブッダの決定した規則に背いている、と批判した(188)。

このことを知ると世尊は、彼女が正式な儀礼を経た比丘尼であることを明言し、世尊自身が彼女の出家の師であり、八敬法を受け入れたことこそがまさしく彼女の出家の儀式なのだ、と説明した(189)。

このように、比丘尼の出家儀礼に三段階があることには注意しておかなくてはならない。まずマハーパジャーパティーの出家儀礼は、八敬法のすべてを受け入れたときに完了した。次に、残りの釈迦族の女性たちの出家儀礼は、比丘たちによって行なわれた。しかしそれ以降の女性の出家儀礼は、比丘僧団と比丘尼僧団の両者によって遂行されて、初めて完了する。この最後の手続きは現在も主流となっているものである。

これについてホーナーは、次のように解説している。「……このように二段階からなる女性の出家儀礼を区別するために、二つの術語が用いられている。比丘尼たちが出家させ

（vuṭṭhāpeti）、比丘たちが戒を授ける（upasampādeti）。比丘尼たちによって端緒が開かれ、比丘たちによって完成されるのである[190]」。

ともあれ、こうしてマハーパジャーパティーは、最初の比丘尼となり、同時に最初の比丘尼僧団を形成することで、仏教の歴史に、そして女性史に新たな章を加えたのである。

ブッダの拒絶

パーリ文献はブッダの拒否の理由について何も語らない。ただマハーパジャーパティーに出家をしないよう教示した、と記されるのみである。しかしながら後代、女性が僧団に加わることで起こる悪影響について説明している。マハーパジャーパティーが最初に出家を申し出たときに、世尊がなぜそれを認めようとしなかったのかは明言されない。

一方、若干の漢文資料は、ブッダの拒絶の理由を挙げている。

(1)漢訳『中本起《ちゆうほんぎ》経《きよう》』[191]「止《や》めよ、止めよ、ゴータミー、女性が私の法と律において出家してはならない。〔なぜなら〕袈裟を着る人は、生涯にわたって純潔を保ち、清浄《しようじよう》行《ぎよう》（梵行）を行じなければならないからだ[192]。

(2)漢訳『中阿含経《ちゅうあごんきょう》』「止めよ、止めよ、ゴータミー。あなたは、法と律とにおいて、女性が世俗の生活を捨て、家なき生活に入って、信心をもって〔仏〕道を実践できるなどという考えはもってはならない[193]」。

(3)漢訳『四分律《しぶりつ》』[194]「止めよ、止めよ、ゴータミー。あなたは、女性が家を捨てて〔仏〕道に入れるように、などと願ってはいけない。なぜなら、ゴータミーよ、もし女性たちが家を捨ててブッダの教えへと進むならば、仏教は長く続かないだろう[195]。

(4)漢訳『五分律《ごぶりつ》』[196]「止めよ、止めよ。あなたはそんなことをいってはならない。〔なぜなら〕過去のブッダたちは、みな女性が世俗を捨てることを認めなかったからだ。〔しかし〕仏への信仰心が篤い女性たちは、在家信者として髪を剃り、衣をまとって、悟りを得るための修行を行なう〔ことは許される〕。それは未来仏の世においてもまったく同様である。それゆえ、私もいまお前にこのことを許そう[197]。

律蔵と増支部はどちらも、女性が僧団に加われば、仏法の存続する期間が半減してしまうといっている。しかし、それは女性が僧団に参加した結果として示されているのであって、ブッダの拒絶の理由とはされていない。

マハーパジャーパティーの生涯をめぐる物語の中でも、この挿話は特に後代、批判の的となった。ブッダも、女性の出家を認めることをさんざん躊躇したあげく、八敬法を定めるなどして、僧団における女性の地位を低めたとして、しばしば非難を浴びている。

ブッダが実際に差別的な発言をしたかどうかについては大きな疑問がある。テキストのあちこちに、その信頼性に疑惑の生ずる矛盾が見いだされるのだ。たとえば、パーリ資料によって八敬法を検証してみよう。パーリ律蔵(198)と増支部経典(199)によれば、その第六項は、女性は二年間の保護観察期間(式叉摩那《しきしゃまな》)を経た後でなければ受戒できないというものである。しかし実際には、マハーパジャーパティーにも、彼女と一緒だった釈迦族の女たちにも、これは適用されていない。本来なら彼女たちは、条件を満たすまで二年間の猶予期間を要請されるはずなのである。他方、漢訳『中阿含経(200)』はこの項目を欠いている。

聖典資料の随所に見いだされるこのような矛盾は、これらが後代の挿入ではないかという疑いを喚起する。また、たとえもし、女性が僧団に加わることを認めないという意見が、ブッダその人のものであったと認めるにせよ、次のような理由は弁護材料となるかもしれない。

(1)最もあり得るのは、ブッダの拒絶が、何よりもマハーパジャーパティー・ゴータミーその人に対するものではなかったか、ということだ。最初に彼女は一人でやって来て、ブッダに出家の許しを請うたが、それは王妃であった彼女にとって、これまで経験したことのないほど厳しい生き方を意味していた。毎日、家から家へと托鉢して回り、その日の食事を得る生活が、彼女にとって苛酷なものであることは間違いない。あるいはブッダは、敬愛する母親がそのような境遇に身を置いた姿など、見たくなかったのかもしれない。もしくは注釈書のいうように、マハーパジャーパティーの決意の固さを確かめたかったのかもしれない。

(2)あるいは、これはマハーパジャーパティー一人に限られない話であった。彼女が再びブッダの前にやって来たとき、彼女はおおぜいの釈迦族の女性たちと一緒であった。マハーパジャーパティー自身は熟慮の末に固い決意をもってやって来ていたとしても、ほかの女性たちも同じかどうかは疑わしかった。彼女たちの決意はほんの一時的な情熱で、次の瞬間には冷めてしまうかもしれなかった。

(3)釈迦族の規模はけっして大きくないから、これは明らかに多くの女性たちが欠けることを意味していた。その点では社会に深刻な問題を引き起こす事態として世間の関心を集めていたとも思われる。

(4)当然のことながら、僧団にとどまっている男性僧(比丘)たちのすべてが高潔で、欲望を完全に制御しきっていたわけではなかった。そんなに簡単なものではなく、なかには、まだ情欲を十分に抑えることができていない比丘たちもいた。そういう者たちにとって、比丘尼たちの存在は誘惑と映り、劣情に抗いきれなくなるかもしれない。その結果、僧団に堕落と混乱がもたらされることは必至である。

(5)そもそも、どのような社会にも、邪悪な心の人はいるものであり、仏教興起時代も例外ではなかった。一例として有名な事件を挙げれば、ウッパラヴァンナー尼は、森の中にいたところを、出家以前から彼女を思慕していた従兄アーナンダに襲われ、暴行されたという[201]。そのように、托鉢を行なう比丘尼が襲われたり傷つけられたりする可能性はいくらでもある。比丘尼に対するハラスメントは直接的であれ間接的であれ、僧団全体を侮辱するものである。

(6)文明社会の始めのころから、女性は家庭の中心的な役割を担わされてきた。それゆえ、女たちの僧団への参入は、家族の崩壊をもたらすものと理解されていたようである。さらにそうなれば、在家者たちの厚意に支えられてきた僧団への支援まで、同時に失うかもしれない。だとすれば仏教の発展を阻む躓《つまず》きの石ともなりかねない。

(7)女性の拒否は、また違った角度から見ることもできる。ブッダは女性ではなくて、僧団の中に性別の異なる人間が参加することを否定したのだ、と。もし最初の僧団が女性によって構成されていたら、男性が同じような待遇を受けていたかもしれない。女性であることが問題というよりは、相反する性をもつ者たちが一緒に活動し、発展することの困難さの問題なのかもしれない。

すでに前章で触れたとおり、スッドーダナ王がブッダのもとを訪ねて、正式な受戒の儀礼を受けたいと申し出たとき、ブッダは彼を出家僧団の一員としては迎えようとせず、在家信者として五戒を受持することを勧めた。[202] つまり拒否されたのは、マハーパジャーパティーあるいは釈迦族の女たちだけではない。男であるスッドーダナ王もまた拒絶されたのだ。仏教文献のあちこちに見える律の規定からも明白なように、世尊は出家を願う在家者たちの社会的責任ということを、よくよく熟慮する人であったと思われる。

阿羅漢になる

出家後どれほど経ってからのことであるかは明記されていないが、仏典によれば、ある日マハーパジャーパティーが世尊を訪ねると、世尊は彼女を教誡《きょうかい》し、それから瞑想の課題[203]を与えた。彼女はこの課題に基づいて瞑想修行に邁進《まいしん》し、ほどなくしてさまざまな超常能力[204]や言語力[205]を獲得し、阿羅漢の比丘尼となったという。[206] それと同時に、彼女とともに世俗を捨てた五百人の尼僧たちは、ナンダカ尊者の教誡を聞いて、六種の超常能力[207]を獲た[208]。しかし増支部経典注『マノーラターー・プーラニー』は、彼女たちは阿羅漢の比丘尼になった、といっている[209]。また中部経典とその注釈『パパンチャ・スーダニー』は、最も果報から遠い比丘尼たちは預流になり、残りの比丘尼たちは一来・不還・阿羅漢になったという。そして注釈書の説明によるならば、このときまだ阿羅漢になれなかった女たちも、真摯《しんし》に修行を継続すれば、後にきっと阿羅漢になることが約束されていた[210]。

『ナンダカ訓戒経』は、尊者ナンダカという仏弟子が、マハーパジャーパティーの要請を受け、彼女とともに出家した五百人の釈迦族の女性たちのために、ラージャカアーラーマ（王園精舎《おうおんしょうじゃ》）にて説法した教えである。説法が終わると、五百人の比丘尼たちはブッダを訪ねたが、世尊は彼女たちの智慧がいまだ実を結んでいないと見て、もう一度同じ教えを説くようナンダカに要請した。翌日、尊者ナンダカは、世尊の指示どおり再び説法した。説法が終わると、比丘尼たちは、各々の智慧の獲得の程度に応じて預流、一来、不還そして阿羅漢になっていた[211]。世尊は尊者ナンダカの優れた説法が、比丘尼たちを教導する能力において、比丘たちのなかでもとりわけ秀でていたことを讃えた[212]。

このナンダカと尊者ナンダが同一人物であるかどうかについては明言できない。中部経典注『パパンチャ・スーダニー』の『ナンダカ訓戒経』を取り上げた章には、同一人物を指すものとしてどちらの名称もあらわれる。しかし、増支部経典の「一人品[213]」と『テーラガーター』においては、尊者ナンダとナンダカは、個別の章に登場する異なる人物として扱われている。

後代、ジェータ林において比丘と比丘尼の集いが開かれたとき[214]、世尊は、比丘尼となってからの歳月が最も長い（つまり、比丘尼としては最長の経験者である）、マハーパジャーパティーこそ、比丘尼僧団の長である、と明言した[215]。『増一阿含経』には、それぞれ異なる分野において最も秀でた比丘尼たちの名が列挙されているが、その中にもマハーパジャーパティーの名は含まれている[216]。

他の比丘尼たちと

先に述べたように、多くの資料は釈迦族の（あるいは釈迦族とコーリヤ族の）五百人の女性たちがマハーパジャーパティーとともに出家したと伝える。しかし、そのなかで名前を伝えられているのはわずか数名にすぎない。『テーリーガーター注』によると、ティッサー（A）[217]、ティッサー（B）[218]、ディーラー[219]、ヴィーラー[220]、ミッター[221]、バドラー[222]、ウパサマー[223]、ヴィサーカー[224]、スマナー[225]、ウッタラー[226]、そしてサンガー[227]らが、マハーパジャーパティーとともに俗世を捨て、比丘尼になったという。

マハーパジャーパティーから戒を授かって比丘尼となった女性たちについては、若干の断片的情報が伝えられている。ダンティカー和尚尼[228]、バッダー・カーピラーニー（妙賢《みょうけん》尼《に》：尊者摩訶迦葉《まかかしょう》のかつての妻[229]）、グッター[230]、スバー（A）[231]、スバー（B）[232]、ウトパラヴァンナー（蓮華色《れんげしき》）[233]、グプター（笈多《ぎゅうた》：優陀夷《うだい》のかつての妻）[234]、舎衛城のさる富豪の元妻[235]、ニーラウトパラー（青蓮華《しょうれんげ》）[236]、バドラークンダラケーシャー[237]、ミティラーというやや低い地位の出身だった老女[238]、パターチャーラー（微妙《みみょう》）[239]、シュクラー（叔離《しゅくり》）[240]、スバルナプラバー（金光明《こんこうみょう》）[241]らは、彼女のもとで受戒儀礼を行なっている[242]。

比丘尼としてのエピソード

〈病を見舞う〉

かつて世尊がカピラヴァッツのニグローダ樹園にいたとき、六人の比丘が比丘尼たちの住居を訪問して、その六人の比丘尼たちに教えを説いたことがあった。教誡の時間になると、他の比丘尼がやって来て、参加するよう彼女たちに呼びかけた。しかしその六人の比丘尼たちは、すでに六人の比丘から教誡を受けている、と答えた。

ほかの比丘尼たちはこのことに困惑し、比丘たちが比丘尼たちの住居を訪問して教誡することがなぜ許されるのか、と抗議した。

後に知らせは世尊のもとに届いた。世尊は六人の比丘たちに事実を確認してから、比丘が比丘尼の住居を訪問することは波逸提《はいつだい》（訳注：戒律に定められた罰則規定。懺悔《さんげ》によって許される）にあたるという新しい規則を設けた（波逸提第二十三条[243]）。

ある日、マハーパジャーパティーは病気になった。しかし、ブッダによって定められた波逸提の規則のため、比丘は誰ひとり彼女の住居を訪ね、教誡することができなかった。それを聞いた世尊は規則を改訂し、自ら彼女の許を訪ねて彼女に教えを説いた。これ以降、比丘尼が病気のときには、比丘たちはその住居を訪問して教誡しても良いことになった[244]。

同様の挿話は、やや異なったかたちで、『摩訶僧祇律《まかそうぎりつ》』にも伝えられている。それによれば、病気になったマハーパジャーパティーを見舞いに訪ねたのは尊者アーナンダだったという。そのとき、彼女はアーナンダに教誡を依頼したのだが、世尊の許可なしにできないことであったため、彼は戻って世尊にこのことを伝えた。世尊は慈悲の心をもって、病気の比丘尼の住居を訪ねて教誡することを認めたという[245]。

同様に、化地部の律にもよく似た物語が収められている[246]。しかしそこで言及される比丘尼の名は、マハーパジャーパティーではなく、バドラー（跋陀比丘尼《ばっだびくに》）となっている。[247]

〈衣を染める〉

世尊が舎衛城《しゃえいじょう》におられたあるとき、尊者ウダーインは外衣を持参してマハーパジャーパティーを訪ね、染色を依頼した。彼女はすぐにいわれたとおりにして彼に返した。ウダーインは彼女に、健康であれ、病気にならないように、と祝福を与えた。ある日、[248]二人はブッダを訪ね、挨拶して一方に座った。世尊はマハーパジャーパティーの手を見て、すでに事実を見抜いてはいたのだが、わざと訊ねた。「ゴータミーよ、あなたの掌はなぜ染色されているのですか？」。「世尊よ、私がウダーイン様の外衣を洗い、染めてさしあげたからです」。ゴータミーが去った後、世尊はすべての比丘たちに告げた。「なぜウダーインは、比丘尼に外衣の洗濯と染色を依頼して、比丘尼たちを修行に専念することから妨げようとするのか[249]」。

後代のエピソードでは、あるときストゥーラナンダー比丘尼（偸蘭難陀《ちゅうらんなんだ》）が、尊者アーナンダから、精液で汚れた彼の衣の洗濯と染色を依頼されたという。[250]ストゥーラナンダー比丘尼は他の比丘尼にそれを見せ、彼女たちはそのせいで不快な思いをした。この件について報告を受けた世尊は、新しい尼薩耆波逸提《につさぎはいつだい》（訳注：持ち物に関する罰則規定）の規則を設けて、たとえ親類縁者であっても、比丘尼に汚れた衣を洗わせてはならないと定めた(251)。

〈説教は日没まで〉

ブッダが舎衛城郊外、祇園精舎のあるジェータ林に居られたときのこと、比丘たちが、すでに定められていた僧団の規則にしたがい、交替で比丘尼を教誡していた。その日は尊者ナンダが比丘尼を教誡する番で、彼は説き終えて沈黙した。しかしマハーパジャーパティーはさらに説教を望んだ。ナンダは再び教えを説いたが、マハーパジャーパティーの法話への渇きはそれでもいやされず、彼女はもっと教えを聞きたいと請うた。ナンダは三度、四度と法話を重ね、ふと気づけば、あたりはすっかり暗くなってしまっていた。

比丘尼たちは舎衛城の町に戻ろうとしたが、町の門は閉ざされていて入ることができず、閉じた門の外で一夜を過ごすことになった。夜が明けて門が開くと、マハーパジャーパティーに率いられた比丘尼たちは真っ先に町に入った。それを見た人々は、彼女たちは一晩中、町の外で比丘たちと過ごして、朝帰りをしたと非難した。

世尊はこの事件を知って、比丘が夕刻を過ぎても比丘尼たちを教誡した場合は、波逸提の罪になると定めた(252)。

〈衣を取り替える〉

あるとき、マハーパジャーパティー比丘尼は、五百人の比丘尼たちを伴い、世尊の説法を聴くためにやって来た。道中、彼女は尊者ウパセーナ（憂波斯那《うばしな》）とその弟子たちの一団に逢った。そのなかの一人の比丘のまとっていた衣が、あまりにも酷《ひど》かったので、マハーパジャーパティーは、「尊者よ、なぜあなたはそんなにみすぼらしい衣を着ていらっしゃるのですか？」と訊ねた。比丘は、「他に持っていないからです」と答えた。マハーパジャーパティーは自らの衣を示して、差し支えなければそれを着てはどうかと問いかけ、比丘はその申し出を受けた。そこで彼女は、代わりにあなたの衣がいただければといい、こうして二人は互いの衣を交換した。

マハーパジャーパティーの来訪を受けたブッダは、あまりにもみすぼらしい彼女の衣を見て理由を尋ねた。彼女は先の顚末《てんまつ》を述べた。彼は何もいわずにそれを聴き、説教をして、僧院に返した。それから当の比丘に問うた。「お前は自分のみすぼらしい衣を、マハーパジャーパティーの上物の衣と取り替えたというが、事実か？」。彼は「そのとおりです」と答えた。世尊はこの欲深で軽率な僧を叱った。

これとよく似た事件は、バドラアーナンダ(253)という比丘によって起こされている。比丘たちはみなブッダにそれを報告し、世尊に訊ねられたバドラアーナンダもその罪を認めている。世尊はどのような比丘であろうと、比丘尼から衣を受け取った場合は、尼薩耆波逸提を犯したことになるという[254]。

比丘尼の中には、自分とゆかりのある比丘に衣を差し上げたいと思う者もいた。しかし上述の規則によれば、それも禁じられることになる。それゆえ、後代には、この規則は改変され、比丘たちは、相手が親族関係である場合に限って、衣を受け取って良いことになった。家族以外の比丘尼から衣を受け取った場合は、尼《に》薩耆《さつぎ》波《は》逸提《いつだい》となる[255]。

〈川を渡る〉

ブッダが舎衛城に居られたときの話である。ある吉日、男女の在家者たちがアチラヴァティー河畔[256]で食事と踊りなどの祭りを催そうと準備していた。それを見て、六人の比丘たちが六人の比丘尼たちのところへ行って、「今日は吉日だそうだ。アチラヴァティー河へ行って、美味しい食べ物と飲み物で楽しく過ごさないか」と誘った。六人の比丘尼たちは申し出を受け入れ、みんなは河へ行って楽しんだ。在家者たちはそれを見て、「あの仏弟子たちは、われわれと同じように色恋を楽しんでいる」と非難した。

ほかの比丘たちがそれを聞いてブッダに報告した。世尊は律を制定し、この日以来、比丘と比丘尼が一緒に船に乗って行楽することは禁じられた。

それから後、世尊が舎衛城に居られたとき、比丘・比丘尼たちは在家者たちから招待を受け、アチラヴァティー河を渡ることになった。船はさほど混んでいなかったが、さきほどの規則のせいで、比丘たちだけが先に船に乗り、比丘尼たちは同乗を許されなかった。すべての比丘が河を渡り終えてから、ようやく比丘尼たちが渡ったが、一部の女性たちが目的地にたどり着いたとき、すでに時刻は昼を廻っていた。正午過ぎの食事（非時食《ひじじき》）は律の禁止事項に抵触するために、彼女たちは結局、食事にありつけなかった。マハーパジャーパティーもその一人であった。

しばらく後に（おそらくは同じ日の少し後に）マハーパジャーパティーは世尊を訪ね、礼拝して一方に立った。ブッダは、「ゴータミー、だいぶ力無いように見えますが？」と訊ねた。彼女がことの一部始終を話すと、それを聴いたブッダは先の規則を修正し、まっすぐ河を渡るときには（つまり河を遊覧するのでなければ）、比丘たちと比丘尼たちは船に同乗できることになった(257)。

このようなエピソードはほかにもたくさん、聖典のなかに見いだすことができる。

（133）　AA. Vol. IV, p. 132
（134）　「これは世尊がカピラヴァッツに立ち寄り、ニグローダ樹園に滞在しておられたときのこと、チュンバタの諍論をめぐる逸話である。かのクナーラ前生物語のなかに明らかにされている」（J. Vol. I, p. 208〈Sammodamānajātaka〉）。

(135) 増支部経典注『マノーラタ・プーラニー』（AA, Vol. IV, p. 132）、および『スッタニパータ注』（SnA, Vol. I, p. 357）では、カピラヴァッツ（Kapilavatthu）ではなく、カピラプラ（Kapilapura）となっている。

(136) 「〝世尊の所に近づいた〟とは、世尊はカピラプラに行き、まず最初にナンダを、そして第七日目にラーフラ童子を出家させた。しかるに、チュンバタの諍論に……」（AA, Vol. IV, p. 132）。

(137) 「ヴァッタカ前生物語」（No. 33）は、テキストでは「サンモーダマーナ前生物語」の名称で知られている。

(138) 『スッタニパータ』アッタカヴァッガ第一五経。

(139) 「〝もはや俗家に入ることは私たちにふさわしくない。マハーパジャーパティー様のもとへ行き、出家の許しをいただいて、出家いたしましょう〟と、彼女たち五百人の女性はマハーパジャーパティーのもとを訪れ、〝尊いお方、どうぞ私たちの出家をお認めください〟といった」（AA, Vol. IV, p. 132）。

(140) この逸話を最も詳しく語っているのは「クナーラ前生物語」（No. 536）である。また『ダンマパダ注』第一五章（DhA, Vol. III, Chapter XV〈Sukhavaggo〉, p. 254f）、および『スッタニパータ注』（SnA, Vol. I, p. 357f）にも見いだされる。

(141) AA, Vol. I, p. 341 ; AA, Vol. IV, p. 132 ; ThiA, pp. 135-136

(142) 「そのときマハーパジャーパティーは出家を望む心を起こした」（AA, Vol. I, p. 341）、「そこでマハーパジャーパティー・ゴータミーは出家したいと欲して……」(ThiA, pp. 135-136)。
(143)「〝白い傘の下で王が般涅槃したとき〔世尊のところに〕赴いた〟ともいう」(AA, Vol. IV, p. 132)。
(144) 詳細については、すでに前章までに述べたとおりである。
(145)「さとりを得てから五年後には、ゴータマはニグローダ樹園において、マハーパジャーパティー・ゴータミーに率いられてここへやって来た女性僧団の代表者となることを受け入れていたという」(Horner, 1975, p. 103)。
(146) (a) AN, Vol. IV, p. 274-279
(b) VP, Vol. II, p. 253-258
(c) J, Vol. II, p. 392
(d) AA, Vol. I, p. 341
(e) ThiA, p. 135-136
(f) DhA, Vol. IV, pp. 149-150 〈Mahāpajāpatigotamīvatthu〉
(g) SP, Vol. VI, pp. 1290-1291
(h) AA, Vol. IV, pp. 132-137
(i) The Bhikṣuṇī Vinaya, pp. 1-72
(j)『中阿含経』巻第二十八、大正一巻、六〇五頁上～六〇七頁中。
(k)『仏説瞿曇弥記果経』大正一巻、八五六頁上～八五八頁上。
(l)『阿羅漢具徳経』大正二巻、八三三頁下。

(m)『大方便仏報恩経』巻第五、大正三巻、一五三頁中~一五四頁中。
(n)『仏本行集経』巻第四十七、大正三巻、八七〇頁下。
(o)『中本起経』「瞿曇弥来作比丘尼品第九」大正四巻、一五八頁上~一五九頁中。
(p)『五分律』巻第二十九「第五分之八比丘尼法」大正二二巻、一八五頁中~一八六頁中。
(q)『摩訶僧祇律』巻第三十、大正二二巻、四七一頁上~四七一頁中。
(r)『四分律』巻第四十八「比丘尼犍度第十七」大正二二巻、九二二頁下~九二三頁下。
(s)『十誦律』巻第四十、大正二三巻、二九〇頁下~二九一頁上。
(t)『根本説一切有部毘奈耶雑事』巻第二十九、大正二四巻、三五〇頁中~三五一頁上。
(u)『尊婆須蜜菩薩所集論』巻第八、大正二八巻、七七九頁中。

(147) 前出の注(146)参照。

(148)「一方に立ったマハーパジャーパティー・ゴータミーは、世尊に次のようにいわれた、〝世尊よ、女性たちが如来から教示された法と律とにおいて家より家なき状態へと出家したことは幸いなるかな〟」(AN, Vol. IV, p. 274; VP, Vol. II, p. 253)。

(149) 距離の算定は、英訳版増支部経典の注による(BGS, Vol. IV, p. 182)。

(150) Horner, 1975, pp. 98-99

(151) この女たちが出家した五百人の王子たちの妃と同じ人々であったのかどうかは審らかにしないが、チュンバタの諍論の話からして、同じ女たちであったと考えてよかろう。

(152)『スッタニパータ』八六二~八七七偈(一六八頁~一七一頁)。冒頭の数偈は、欲望から対象への愛着が起こり、対象への愛着が競合と論争を生む過程を明かしており、おそらくこれが「諍論経」という教説名の由来となったのであろう。また「アッタダンタ経」もおそらく同様に「諍論経」と呼ばれていたと思われる。

(153)「スッドーダナ大王は白い傘の下で阿羅漢果を獲得して後、般涅槃された。そこでマハーパジャーパティー・ゴータミーは出家することを望み、一度は出家を願いながらも叶わず、二度目には髪を剃って袈裟をまとい、「諍論経」の教説が終わったときに離欲し出家した五百人の釈迦族の王子たちの妻たちとともに、ヴェーサーリーに赴いて……」(ThiA, p. 135-136)。

(154)「それから理髪師を呼びにやり、髪を剃って……」(ThiA, p. 4)。

(155) A.A. Vol. IV, p. 134

(156) 由旬(yojana)とは距離の単位。『パーリ語辞典』(DPL)によれば、一由旬は十二マイルに相当するというが、『巴英辞典』(PED)と『批判的パーリ語辞典』(CPED)は、約七マイルという。

(157) バターの一種で、インドでは調理および宗教儀礼に広く用いられる。

(158) A.A. Vol. IV, p. 133

(159) 預流果(sotāpattiphala, Skt. srotāpannaphala):聖者の最初の位。巻末の「語彙解説」参照。

(160) 一来果(sakadāgāmiphala, Skt. sakṛdāgāmiphala):聖者の第二の位。巻末の「語彙解説」参照。

(161) 不還果(anāgāmiphala):聖者の第三の位。巻末の「語彙解説」参照。

(162) 阿羅漢果(arhattaphala, Skt. arhattvaphala):聖者の最高の位。巻末の「語彙解説」参照。

(163)「そのとき尊者アーナンダは世尊にこういった、〝世尊よ、女人は、如来に教示された法と律のもとで家より家なき状態へと出家して後、預流果、あるいは一来果、あるいは不還果、あるいは阿羅漢果を実現することができないのでしょうか?〟」(VP, Vol. II, p. 254 ; AN, Vol. IV, p. 276)。

(164)「八つの重要な規則」(aṭṭha garudhammā, Skt. aṣṭa garudharmā)。「八敬法」「八重法」などと漢訳される。
(165)「完全な受戒」、すなわちすべての戒を備えた状態を、戒の具足(upasampadā)という。
(166) 漢文の諸資料の規定もおおむね同内容である。
(167) 漢訳『中本起経』では、「比丘僧団は比丘尼と同居してはならない」(比丘僧比丘尼不得相与並居同止)という規定になっている(大正四巻、一五八頁下)。
(168) 布薩(uposatha)については、巻末の「語彙解説」参照。
(169) 漢訳『十誦律』では、「比丘尼は半月ごとに、比丘僧団に従って八敬法を受けなければならない」(比丘尼半月従比丘受八敬法)となっている(大正二三巻、三四五頁下)。
(170) 自恣(pavāraṇā, pravāraṇā, pravāraṇa)は、安居の終わりに催される儀式。詳細は巻末の「語彙解説」参照。
(171)『四分律』(T22, p. 923b)と『五分律』(T22, p. 185c)は、「両僧団」ではなく、比丘僧団のみとする。
(172) 贖罪、すなわち摩那埵(mānatta)とは一種の謹慎である。詳細は巻末の「語彙解説」参照。
(173) 漢文の諸資料の規定もおおむね同内容である。
(174) 式叉摩那(sikkhamānā, Skt. śikṣamāṇā)については、巻末の「語彙解説」参照。
(175) 通常の五戒、すなわち不殺生(殺さない)・不偸盗(盗まない)・不邪淫(みだらな行ないをしない)・不妄語(嘘をつかない)・不飲酒(酒を飲まない)に、非時食の禁止(正午以降は食事をとらない)を加えた六項目。

(176)『四分律』(大正二二巻、九二三頁中)は、両僧団(サンガ)ではなく、比丘僧団のみとする。『中阿含経』(大正一巻、六〇六頁上)、『瞿曇弥記果経』(大正一巻、八五六頁下)、『十誦律』(大正二三巻、三四五頁下)、『根本有部律』(大正二四巻、三五一頁上)、および『中本起経』(大正四巻、一五八頁下)には「式叉摩那」の語が見られず、「比丘尼は比丘僧団のもとで受戒すべし」とだけある。

(177) 漢文の諸資料の規定も同内容である。

(178)『摩訶僧祇律』では、「比丘尼が先に食事や就寝をすることは認められない(比丘尼不先比丘受食房舎床褥)」という規定になっている(大正二二巻、四七四頁下)。

(179) これら八重法をめぐる詳細は、平川彰著作集第一三巻『比丘尼律の研究』(春秋社、二〇〇二年)参照。平川教授はパーリ資料と六種の漢文資料(『摩訶僧祇律』『五分律』『四分律』『十誦律』『根本有部律』『律二十二明了論』)とを綿密に比較検討し、分析的考察を加えている。

(180) VP, Vol. II, p. 256. AN, Vol. IV, p. 278

(181) 白黴(setaṭṭhikā, Skt. śvetāsthika)。

(182) 茜黴(mañjiṭṭhikā, Skt. mañjiṣṭhika)。

(183) VP, Vol. II, p. 256. AN, Vol. IV, pp. 278-279

(184) VP, Vol. II, p. 256. AN, Vol. IV, pp. 279

(185) (a)「またほかのすべての女たちもともに戒を具足した」(AA, Vol. I, p. 341 ; ThiA, p. 4 & p. 136)。
(b)「……比丘たちよ、比丘たちが比丘尼たちに戒を具足させることを私は認めた」(VP, Vol. II, pp. 256-257)。

(c)「……比丘たちよ、比丘たちが比丘尼たちに戒を具足させることを私は認めた。この承認によって、比丘たちは五百人の釈迦族の女たちをマハーパジャーパティーとともに住むものとなし、戒を具足させた。こうして彼女たちはすべてともに戒を具足したことになった」(DhA, Vol. IV, p. 149)。

(186) おそらく彼女が自分で勝手に比丘尼になったという意味であろう。

(187)「こうしてすでに戒を具足した長老尼に対して、後からどのような問題提起があったか――。〝マハーパジャーパティー・ゴータミーは特定の師(阿闍梨)や後見人(和尚)を設けず、自ら袈裟を取った〟とこういって比丘尼たちは後悔し、彼女と一緒に布薩や自恣を行なわなかった」(DhA, Vol. IV, p. 149)。

(188)「そのとき、かの比丘尼たちはマハーパジャーパティー・ゴータミーにこういった、〝あなたは戒具足しておられません。私たちは戒を具足しております。なんとなれば世尊によって、比丘尼の戒具足は比丘たちがなすべきである、と定められているからです〟と」(VP, Vol. II, p. 257)。

(189) (a)「師は彼女たちの話を聞いていった、〝マハーパジャーパティーは私から八敬法を授かった。私は彼女の阿闍梨であり、私が彼女の和尚である〟」(DhA, Vol. IV, p. 149)。

(b)「アーナンダよ、それ以来、マハーパジャーパティー・ゴータミーは八敬法を受持している。それが彼女の具足戒である」(VP, Vol. II, p. 257)。

(c)「敬法の受持が戒を具足することであるといって、マハーパジャーパティーは八敬法を受持したときに戒を具足した、と認めたのである」(SP, Vol. I, p. 242)。

(d)「八敬法を受持することによって出家と戒の具足とを獲た」(ThiA, p. 4)。

(e)「ヴェーサーリーに行って、アーナンダ長老を師として乞い、八敬法を具足戒として授かった」(ThiA, p. 136)。

(190) BD, Vol. 3, p. xlviii

(191) 大正四巻、(No. 196) 二〇七年、訳出。

(192) 「仏言はく〝止みね止みね、瞿曇弥。女人を以て我が法と律とに入るを楽う無かれ。法衣を服する者はまさに寿を尽くし清浄に梵行を究暢するなり〟」(大正四巻、一五八頁上)。

(193) 「止みね止みね、瞿曇弥。汝是の念を作すこと莫れ〝女人、此の正法律中に於て至信に家を捨て、家無くして道を学ばん〟と」(大正一巻、六〇五頁上)。

(194) 大正二二巻、(No. 1428) 四〇七年、仏陀耶舎 (Buddhayaśas) 訳出。

(195) 「且く止めよ瞿曇弥、是の言を作すこと莫れ〝女人をして出家し道を為さしめんと欲す〟と。何を以ての故に。瞿曇弥、若し女人、仏法の中に於て出家し道を為さば、仏法をして久しからざらしむ」(大正二二巻、九二二頁下)。

(196) 前章注(86)参照。

(197) 「止みね止みね、是の語を作すこと莫れ。所以は何。往古の諸仏は皆、女人の出家を聴したまわざりければ、諸の女人輩は自ら仏に依りて、家に在りつつ頭を剃り袈裟衣を著して、勤行精進して道果を獲るを得たり。未来の諸仏も亦是の如し。我今汝に此れを以て法と為さんことを聴さん」(大正二二巻、一八五頁中)。

(198) The Vinaya Piṭaka, Vol. II, p. 253 f

(199) The Aṅguttara-Nikāya, Vol. IV, p. 274 f

(200)『中阿含経』巻第二十八、大正一巻、六〇六頁。

(201)「ウッパラヴァンナー比丘尼は、食後に托鉢より退き、両足を洗い、小屋に入って、床に座していた。その時、かの青年がウッパラヴァンナー比丘尼を押さえつけ、汚したのである」（VP. Vol. III, p. 35）。より詳しい話は『ダンマパダ注』に語られている（DhA, Vol. II, p. 49）。

(202)大正二巻、一八五頁中。

(203)業処（kammaṭṭhāna）という。詳しくは巻末の「語彙解説」参照。

(204)神通（abhiññā）といい、阿羅漢となった比丘あるいは比丘尼にそなわる特別な力のことである。詳しくは巻末の「語彙解説」参照。

(205)無碍解（paṭisambhidā）という。詳しくは巻末の「語彙解説」参照。

(206)(a)「彼女は師の前で業処を授かり、修行を実践し、ほどなくして神通と無碍解とともに阿羅漢果を獲得した」（ThiA, p. 136）。

(b)「彼女は師の前で業処を授かり、阿羅漢果を獲得した」（AA, Vol. I, p. 341）。

(207)六神通（chaḷabhiññā）という。巻末の「語彙解説」参照。

(208)「しかるに、残余の五百人の比丘尼たちには、ナンダカの教誡が終わったときに、六神通があった」（ThiA, p. 136）。

(209)「しかるに、残余の五百人の比丘尼たちは、ナンダカの教誡が終わったときに、阿羅漢果を得た」（AA, Vol. I, p. 341）。

(210)(a)「比丘たちよ、まさしくこのように、かの比丘尼たちはナンダカの説法によって心が満たされ、想いが成就した。比丘たちよ、彼女たち五百の比丘尼たちのうち最も低い者たちは預流となり、不退転となり、さとりの彼岸に至ることが決定した」(MN, Vol. III, p. 227)。
(b)「〝彼女たちは預流となり〟とは、〝彼女たち〟つまり徳という点からして最も低い者たちが預流となったのである。一方、残りの者たちは一来、不還、および漏尽(=阿羅漢)となった。もしそうであるなら、〔まだ阿羅漢に達していない比丘尼たちは〕どうして〝想いが成就した〟ことになるのか? その意向が満足させられたからである。つまり〝私はいつ尊者ナンダカの説法を聴いて、その場で預流果を実現できるだろうか?〟と思っていた比丘尼たちは預流果を実現した。そして〝不還果、一来果、そして阿羅漢果〔を実現できるだろうか?〕〟と思っていた者たちは阿羅漢果を実現した。だから世尊は〝心が満たされ、想いが成就した〟といったのである」(MA, Part-IV, p. 97)。
(211) MN, Vol. III, pp. 270-277
(212) (a)「比丘たちよ、我が声聞比丘たちのうち、比丘尼たちに教誡すること最上であるのはこの者、すなわちナンダカである」(AN, Vol. I, p. 25)。
(b)「我が声聞の中、第一の比丘は……難陀迦比丘は是、善く比丘尼僧に禁戒を誨すなり」(『増一阿含経』大正二巻、五五八頁下)。
(213) (a) AN, Vol. I, p. 25. 前注(212)(a)参照。
(b)「比丘たちよ、我が声聞比丘たちのうち、諸々の感覚器官を抑制すること最上であるのはこの者、すなわちナンダである」(AN, Vol. I, p. 25)。
(214) サーヴァッティの南にある園で、アナータピンディカが僧院を建て、ブッダと彼の僧団に寄進した。これがいわゆる「祇園精舎」である。

(215) (a)「比丘たちよ、我が声聞比丘尼たちのうちで、経験長きこと最上であるのはこの者、すなわちマハーパジャーパティー・ゴータミーである」(AN, Vol. I, p. 25)。
(b)「そこで師は一日中、祇園の大僧院で、聖者たちが集まるなかに座り、比丘尼たちをその場に留めておいて、マハーパジャーパティー・ゴータミーを経験長き比丘尼たちの中の最上に位置づけた」(ThiA, p. 136)。
(c)「比丘たちよ、彼女を比丘尼たちのなかでも経験長き者として憶持せよ」(ThiA, p. 154 verse no. 186)。
(d)「長老尼の聖典の冒頭に〝マハーゴータミー長老尼は経験長きこと最上である〟と示されている」(AA, Vol. I, p. 337)。
(e)「師は後に祇園にて座し、比丘尼たちをその場に留めておいて、マハーパジャーパティーを経験長き者の最上に位置づけた、と」(AA, Vol. I, p. 342)。
(216)「我が声聞の中、第一の比丘尼にして、久しく出家して学し、国王に敬せられるは、謂わゆる大愛道瞿曇弥比丘尼、是なり」(『増一阿含経』大正二巻、五五八頁下)。
(217)「……マハーパジャーパティー・ゴータミーとともに出家し、遊行して、瞑想を行じた」(ThiA, p. 11)。
(218)「……マハーパジャーパティー・ゴータミーとともに出家し、光明偈によって、七日を措いた後に阿羅漢果を獲得した」(ThiA, p. 12)。
(219) ibid.
(220) ibid.

(221) ibid.
(222) ibid.
(223) ibid.
(224)「彼女の来歴はディーラー長老尼の来歴とよく似ている」(ThiA, p. 19)。
(225)「彼女の来歴はティッサー長老尼の来歴と似ている」(ThiA, p. 20)。
(226)「彼女の来歴もティッサー長老尼の来歴と似ている」(ThiA, p. 20)。
(227)「彼女の来歴はディーラー長老尼の来歴と似ている」(ThiA, p. 23)。
(228)「……マハーパジャーパティー・ゴータミーの面前で出家し……」(ThiA, p. 49)。
(229) (a)「マハーパジャーパティー・ゴータミーの面前で出家と受戒とを獲て……」(ThiA, p. 49)。
(b)「遂に妙賢を将いて大世主に付し告げて言く〝聖者、此の妙賢女は心に勝法を欣び、極善を作意せり。可しく出家を与うべし〟と。時に大世主は其の教を敬受して、即ち彼に五衣等の物を与え、諸々の学処および近円を授け已りて告げて曰く〝汝、今宜しく仏の境界に於て乞食して身を資け、善く浄行を修すべし〟と」(『根本説一切有部苾芻尼毘奈耶』巻第二、大正二三巻、九一二頁中)。
(230)「……マハーパジャーパティー・ゴータミーの面前で出家した」(ThiA, p. 155)。
(231)「……マハーパジャーパティー・ゴータミーの面前で出家し、比丘尼戒に止住した」(ThiA, p. 155)。
(232)「……マハーパジャーパティー・ゴータミーの面前で出家し……」(ThiA, p. 155)。
(233) このウッパラヴァンナー(蓮華色)が、『テーリーガーター』に見える同名の比丘尼と同一人物であるかどうかは定かでない。

(a)「仏は阿難に告げて言く〝汝、此の蓮華色と将に摩訶波闍波堤の所に到り、此を度せしめよ〟阿難、即ち仏の教を受け、将いて摩訶波闍波堤の所に詣りて語りて言く〝世尊の教令あり。汝、此の婦人を度せよ〟と即ち度して出家せしむ。彼異時に於て思惟し、日に進んで阿羅漢を逮得す。大神力あり」(『四分律』巻第六、大正二二巻、六〇六頁上)。

(b)「蓮華色、前んで仏足を礼し長跪合唱して仏に白して言く〝仏法の中に於て願わくば出家を得んことを〟と。仏即ち之を許して波闍波堤比丘尼に告げたまわく〝汝、今此女を度して道を為すべし〟と。教えを受け、即ち度して出家受戒を与えるに、勤行精進し遂には阿羅漢を成ず」(『五分律』巻第四、大正二二巻、二五頁中)。

(234) 漢訳「笈多」からグプター(Guptā)という原名を推定した。「時に諸尼衆は便ち笈多を将いて大世主の処に至りて白して言さく〝聖者、此の笈多は情に出家を願えり〟と。時に大世主は即ちに出家を与えぬ」(『根本説一切有部毘奈耶』巻第十八、大正二三巻、七二一頁上)。

(235)「〝賢首、我今年老いて経紀すること能わざれば、出家を求めんと欲す〟と。婦曰わく〝我も亦出家せん〟と。報じて言さく〝意に随え〟と。即ち便ち相随いて大世主の処に詣り足を頂礼し已りて白して言さく〝聖者よ、我が妻は善説法律に於て出家を求めんと欲せり。唯だ願わくば聖者、其に出家を与え幷に円具を受けたまわんことを〟」(『根本説一切有部毘奈耶』巻第三十二、大正二三巻、八〇五頁上)。

(236)「爾の時、世尊は青蓮花の為に書を以て室羅伐の大世主苾芻尼に告げて其に出家を与え便ち教誨せしめ、青蓮花に勅して書に随いて往かしめたまえり。時に影勝王は人を遣わし室羅伐城に送り至らしめしに、既にして彼に至り已りて大世主所に詣り、出家受戒して策勤して息まざれば、未だ久しからざる間に阿羅漢果を得る」(『根本説一切有部毘奈耶』巻第四十九、大正二三巻、八九八頁下)。

(237) 漢訳で「跋陀羅迦卑梨耶外道乃女」と記されるこの人物は、おそらく『テーリーガーター』のバッダークンダラケーサー尼(Bhaddākuṇḍalakesā)であろうと思われる。「此の跋陀羅迦卑梨耶なる外道の女を将いて、摩訶波闍波提憍曇弥に付嘱し、勅教して言して曰く〝此の跋陀羅迦卑梨耶なる外道の女を教えて出家せしめ、具足戒を授けよ〟と」(『仏本行集経』巻第四十七、大正三巻、八七一頁上)。

(238) 漢訳「毘低羅」からミティラー(Mithilā)という原名を想定した。「時に羅睺羅、此の老母を率いて祇陀林に詣り、到り已りて仏を見、歓喜作礼し懺悔発露す〝願わくば仏の教えに依りて出家を得ん〟と。仏は敕して憍曇弥の所に往詣し、精進修習して未だ嘗て懈廃せず、好き白氈の易りて染色と為るが如く、応に時に阿羅漢道を証得す」(『菩薩本生鬘論』巻第四、大正三巻、三四二頁中)。

(239) 「仏、阿難に告げたまわく、〝此の女人を将いて憍曇弥に付し戒法を授けしめよ〟と。時に大愛道、即ち即ち我を受け比丘尼と作す」(『賢愚経』巻第三、大正四巻、三六八頁上)。

(240) 「頭面作礼し、出家を求索す。仏言く、〝善く来り〟と。頭髪自ら堕し、著る所の白疊を尋いで五衣を成じ、大愛道に付し比丘尼と為り、精進久しからずして阿羅漢道を成ず」(『賢愚経』巻第五、大正四巻、三八三中)。

(241) 漢訳「金光明」からスバルナプラバー(Suvarṇaprabhā)という原名を推定した。「金光明比丘尼、大愛道に付す。漸漸に教化し、悉く羅漢を成ず」(『賢愚経』巻第五、大正四巻、三八四頁下)。

(242) 以上、漢文資料の出典は森章司・本澤綱夫「Mahāpajāpatī Gotamī の生涯と比丘尼サンガの形成」二〇〇五年に示された情報に基づいている。

(243)「比丘尼の住居に行き、比丘尼に教誡した比丘は、波逸提罪である」(VP, Vol. IV, p. 56)。

(244)「そのとき、マハーパジャーパティー・ゴータミーは病気になった……そこで世尊は午前中に着衣し、鉢と袈裟を取り、マハーパジャーパティー・ゴータミーの居るところへやって来た。やって来ると、用意された座に座った。座ると、マハーパジャーパティー・ゴータミーにこういわれた〝ゴータミーよ、大丈夫ですか? 辛くはないですか?〟〝世尊よ、以前は私のもとに長老尼たちがやってきて、説法をしてくださいましたので、平穏でありました。ところが世尊よ、今は世尊がそれに反対されたと、申し訳なさそうにして、説法してくださいませんので、平穏ではありません〟……すると世尊はそのことを契機とし、そのことを動機として、法話を説いて比丘たちに語った、〝比丘らよ、私は、比丘尼の住居に行き、病気の比丘尼に教誡することを許可します〟」(VP, Vol. IV, p. 55-57)。

(245)「……復た次に仏、舎衛城に住したるに、大愛道瞿曇弥病……仏は言く〝汝若し説法を為さば、彼の病は即ち差えて身は安楽を得るなり。今日より後、病の比丘尼の為に説法するを聴す〟と」(『摩訶僧祇律』巻第十五、大正二二巻、三四六頁下〜三四七頁上)。

(246) 森章司・本澤綱夫「Mahāpajāpatī Gotamī の生涯と比丘尼サンガの形成」二〇〇五年、六五頁。

(247)「爾の時、跋陀比丘尼病う」(『五分律』巻第七、大正二二巻、四六頁中〜下)。

(248) 消えかけの染色がまだ手についているのが見えたところからして、その翌日、もしくは二日後か三日後のことであろう。

(249)「仏、舎衛城に住す。爾の時、尊者優陀夷は衣を持ちて大愛道比丘尼に与え、是の言を作す。〝善い哉、瞿曇弥、是の衣を我が為に浣い、染め、打せ〟と。時に大愛道、即ち為に浣い染め打し已りて送還し、優陀夷に語して言さく、〝是の衣、已に浣い染め打し訖る。今故に送還す〟と。優陀夷即ち咒して願う、〝楽を得て無病なれ〟……仏、知りて而も故に問う、〝瞿曇弥、汝の手は何を以ての故に染色有りや？〟答えて言く、〝世尊、我優陀夷の為に衣を浣染す。故に手に染色有り〟と。瞿曇弥去りて久しからずして、仏は諸比丘に告げたまわく、〝云何が優陀夷、乃し行道の比丘尼をして衣を浣染せしめ、比丘尼の業を防廃せしめたるや？〟と」（『摩訶僧祇律』巻第九、大正二二巻、三〇〇頁中〜下）。

(250) 「長老阿難陀」、これが釈尊の従兄弟であり、仏陀の愛弟子である尊者アーナンダを指しているのか、それとも別人のことなのかは判然としない。

(251) 『摩訶僧祇律』巻第九、大正二二巻、三〇〇頁中〜下。

(252) 『四分律』巻第十三、大正二二巻、六四九頁下〜六五〇頁上。

(253) 漢訳「跋難陀」からバドラアーナンダ（Bhadrānanda）という原名を推定した。平川彰『仏教漢梵大辞典』一一二三頁では、ウパナンダ（Upananda）とされている。

(254) 尼薩耆波逸提（Nissagiya Pācittiya, Skt. Naiḥsargika-prāyaścittika）については、巻末の「語彙解説」を参照されたい。

(255) 『四分律』巻第十三、大正二二巻、六四九頁下〜六五〇頁上。

(256) クシナガラを流れる河。仏陀は入滅の前にこの河を渡った（JEBD, p. 61）。今日のアワド地方、ラプティ河（DPPN, p. 24）。

(257) 『摩訶僧祇律』巻第十五、大正二二巻、三四九頁上。

第四章　その最後

比丘尼になってからどれほど後年のことかは、正確には伝えられていないが、マハーパジャーパティーが息を引きとったのは、世尊がヴェーサーリーにおられたときのことであった。そのとき、彼女は百二十歳という高齢に達していたという。[258] これは彼女が世を去る前に、比丘僧団（サンガ）にそう告げていたことから知られる。この逸話に描かれた彼女の晩年をめぐる逸話には胸を打つものがあり、仏教徒のみならず、広くおおぜいの人々の心に訴えかける。けっして多くはない数の仏典に、しかし美しく描かれたそれらのなかでも、『テーリー・アパダーナ』は、おそらくパーリ資料の中で唯一、マハーパジャーパティーの生涯の最後を克明に記した文献といえよう。[259]『テーリーガーター注』[260]の、マハーパジャーパティーに関する章にも、部分的に多少の異同はあるが、同じ記述が繰り返されている。[261] 彼女の最後の瞬間にとどまらず、過去から現在にいたる回顧も収録した、きわめて興味深い記事である。

一方、この話はいくつかの漢文資料にも詳しく紹介されている。年代順にいえば『大愛《だいあい》道般涅《どうはつね》槃経《はんぎょう》』(262)（Mahāprajāpatīparinirvāṇasūtra）(263)、『大荘厳論経《だいしょうごんろんきょう》』(264)、『増一阿含経《ぞういつあごんきょう》』(265)、『仏母《ぶつも》般涅《はつね》槃経《はんぎょう》』(266)（Buddhamātāparinirvāṇasūtra）(267)、『根本説一切有部毘奈耶雑事《こんぽんせついっさいうぶびなやぞうじ》』(268)がそれである。

パーリ資料の伝承

アパダーナ（比喩経《ひゆきょう》）は漢訳資料より古いと考えられているので、まずパーリ資料から梗概を紹介したい。

ブッダがヴェーサーリーのマハーヴァナ（大林《だいりん》）に居られたとき、マハーパジャーパティーはそこに、五百人の比丘尼たちとともにおられた。ある日彼女は(269)、世尊や、世尊の二人の高弟であるサーリプッタとマハーモッガラーナ、そして俗世での親族である尊者アーナンダ、ラーフラ、ナンダといった人々が世を去る姿を見たくはないと思った(270)。そこで彼女は、彼らがいなくなる前に、ブッダの許可を得て、自身が般涅槃《はつねはん》に入ろうと決意した(271)。

一方、テキストの後の箇所では、彼女が自ら望んで般涅槃しようとした別の理由が、尊者アーナンダに対する説明として、次のように語られている。かつて世尊が説法の最中にくしゃみをしたとき、マハーパジャーパティーは親愛の情から、「世尊が永劫に老い衰えず長寿でありますように」というおまじないの言葉を口にした（訳注：インドでは、くしゃみをすると寿命が縮むという俗説があり、それを防ぐには誰かが吉祥の言葉を述べてやれば良いとされている）。しかし世尊は、それは仏に対する正しい礼儀とならないので、今後そのようなことを口にしないでくれ、と強く叱正し、それよりも、仏弟子たちが和合して、常に精進をおこたらず日々を送ることを願って欲しい、と述べた。それを聞いてマハーパジャーパティーは、ブッダが僧団の和合を望んでいるならば、いずれ不幸がやって来る前に、つまり僧団分裂が起こる前に、自分は涅槃に入ろうと決心した(272)。

五百人の比丘尼たちも同じように考えた。マハーパジャーパティーと五百人の比丘尼たちがそう決心したとき、大地が震動し、天鼓が轟《とどろ》いた。比丘尼の僧院にいた女神たちは、悲しみに泣き叫び、涙を流した。五百人の比丘尼たちは、マハーパジャーパティーの庵に行き、足下に礼拝して請うた。「聖女様、あなたと離れていたとき、私たちには涙の雨(273)が撒《ま》かれました。大地は山々とともに震動し、天の鼓は雷鳴を轟かせ、私たちは悲しみの叫びを聴きました。ゴータミー、これはどういうことでしょう？」。マハーパジャーパティーは彼女の決意を伝え、比丘尼たちも、自分たちがやはり同様の考えをいだいていたことを告げた。そしていった。「聖女様、あなたがもし入滅したいというのなら、私たち全員で、ブッダのお許しをいただいて入滅いたしましょう。私たちはみな、ともに家庭と世俗の生活を捨てた身ではありませんか。涅槃という最上の城市にも、ともにまいりましょう(274)」。

マハーパジャーパティーが、そこに居住していた女神たちに最後の挨拶をすると、比丘尼たちは僧院を去り、ブッダの許へと向かった。女神たちは、もう彼女たちに会えないことを嘆いた。マハーパジャーパティーが比丘尼たちとともにブッダのもとへ向かうと、道すがら、女性の在家信者たちが家から出て来ては足下に平伏した。そして泣きながら、どうか自分たちを見捨てて入滅しないで欲しい、と涙とともに訴えた。マハーパジャーパティーは彼女たちを優しい言葉で慰め、ブッダの教えに従って、ブッダの真実の娘になるよう助言した。

そして彼女はブッダのもとを訪れていった、「善逝《ぜんぜい》よ(275)、私はあなたの母ですが、あなたは私の父であり、真実の法（妙法）という幸せをもたらす人です。私はあなたから生まれました。私はあなたの身体を育ててさし上げましたが、あなたは私の無垢なる法の身体（法身《ほっしん》、dhammatanu）を育ててくださいました。私はあなたに授乳し、ひとときの渇きを満たしましたが、あなたは私に法という乳を与え、渇きを永遠に鎮めました。子を求める母親ならばみな、あなたのような息子を望みます。我が息子よ、マンダーター王（曼陀多《まんだた》王《おう》[276]のような大王の母でさえ、生死輪廻の海に埋没してしまいました。しかし私はあなたのおかげで輪廻の海を渡り越えることができました。女性が〝女王〟や〝王の母〟と呼ばれることはさほど難しいことではありません。それに対して、〝ブッダの母〟（仏母《ぶつも》）と呼ばれることはきわめて稀有なことです。いま、私はすべての願いが叶い、満足しております。苦を消滅へ導く方よ、どうか私が今、この肉体を捨て、入滅することをお許しください。どうかあなたの、法輪の刻された、蓮華のような足を延べて、私の最後の礼拝をお受けください。どうか私が涅槃に入る前にいま一度、黄金のように輝くあなたの身体をお見せください[277]」。

　世尊は三十二大人相をそなえた身体を見せた。彼女は頭面礼足《ずめんらいそく》していった。「これが最後の死（最後の生存）になります。もうあなたを見ることもありません。女性は多くの欠点をともなうといわれています。慈悲深き方、もし私が何か過ちを犯していたなら、どうかお許しください。私は女性の出家を繰り返し請いました。もしそれが過ちであるなら、どうか私をお許しください。あなたに認めていただいて、比丘尼たちを教え導きもしましたが、もし何か私が間違ったことを教えていたとしたら、どうかお許しください」。

　そして彼女は、自らの決心を比丘僧団（サンガ）に告げ、尊者ラーフラ、尊者アーナンダ、尊者ナンダを礼拝し、入滅することの許しを請うた。ナンダとラーフラは、あらゆる煩悩を離れていたので、諸行無常のことわりを理解していたが、尊者アーナンダは、完全に執着を離れていなかったので、燃料がなくなれば炎が消えるように、マハーパジャーパティーの後にはブッダが入滅するであろう、と嘆き悲しんだ(278)。彼女は彼を慰め、かつてブッダに女性の出家を認めてくれるよう嘆願してくれたことについて礼を述べた。

世尊は、女性が仏法を理解できるかどうかいまだ疑惑をいだいている愚者たちのために、神変を示してやってはくれないか、と彼女に請うた(279)。

彼女はブッダと高弟たちに許しを請い、世尊の許可のもと、空中に舞い上がり、居合わせた比丘たち、比丘尼たちに神変を示した。一人から無数の分身を作り出し、無数の分身から一人に戻り、出現と消滅を繰り返した。障害物を通り抜け、空中を散歩した。大地に深く沈み、地上を歩くように水面を歩いて見せた。足を組んで座したまま、梵天の住居まで鳥のように宙を飛翔した。メール山（須弥山《しゅみせん》）を柄の代わりに握って、大地を傘のようにさし、雨傘のようにくるくる回しながら空を歩いた。すると、世界の終わりのとき（ユガ・アンタ）にそうなると伝説されているように、六つの太陽が空に昇って、世界中を煙と炎に変えた。ムチャリンダ龍王の池とメール山、マンダーラ山、ダッダラ山といった巨大な山を、まるで辛子種のようにまとめて握り、指先で太陽と月を隠した。千の太陽と月を花環のように編んで自らの首飾りとした。四つの大海の水を片手で運び去り、世界の終わりに降るといわれる激しい雨のような勢いで降らせた。全世界の王を、付き人とともに中空に出現させ、さらにガルーダ（金翅《きんし》鳥迦《ちょうか》楼羅《るら》）、象、吠える獅子《しし》までも見せた。数限りない比丘尼たちを作り出し、そして消してみせた。

　神通を見せた後、彼女は空から降り、ブッダを礼拝した。彼女の奇跡を見た比丘、比丘尼たちは驚嘆し、どうやってその素晴らしい能力を獲たのかと彼女に訊ねた。マハーパジャーパティーは、自ら仏と法とに帰依したこと、そしてそれによって、今にいたるまで多大な利益がもたらされ、神通までこなせるようになったことを説明した(280)。

　五百人の比丘尼たちもまた宙に舞い、集まって星のように輝いた。ひととおり神通を見せ終わると、彼女たちも降りてきてブッダを礼拝した。そして畏《かしこ》みつつ、涅槃に入りたいと願い出た。

　世尊の認可が得られると、彼女たちは僧院に戻った。ブッダも彼女の最後を見届けるべく、多くの人々に囲繞《いにょう》されながら、自ら僧院の入り口まで訪問した。マハーパジャーパティーは比丘尼たちとともに、あらためて世尊に頭面礼足していった。「これが、私どもが世界の師にお会いする最後の機会です。私どもは二度と、その甘露のごときお顔にお目にかかりますまい(281)。いまや私はこれ以上、あなたの柔らかなおみ足に触れてご挨拶するわけにはまいりません。もう寂静の境地に往くべきときが来たのです」。

そして彼女は僧院に戻って、半跏趺坐《はんかふざ》の姿勢をとった。すぐに、彼女の決意を知った女性信者たちが住居に押しかけてきた。彼女たちは悲しげに嗚咽《おえつ》し、胸を叩《たた》き、泣きながら、根を断ち切られた蔓草《つるくさ》のようにうち倒れた。彼女たちはみな、マハーパジャーパティーに、どうか入滅しないでくれと請い願った。

彼女は女たちを慰め、あらゆるものは無常であり、不動ではなく、千々に消え去っていくことを説いた(282)。そして四つの瞑想段階(四静慮《しじょうりょ》)を経て、さらなる境地、すなわち空《くう》無辺処《むへんしょ》、識無辺処《しきむへんしょ》、無所有処《むしょうしょ》、非想非非想処《ひそうひひそうしょ》に入り、そこから涅槃の境地にいたった。彼女に続いて、五百人の女たちも同様に涅槃に入った。

その瞬間、強大な地震が生じ、空に稲妻が走り、天鼓の音が轟いた。神々は悲鳴を上げ、宙には花々が水を撒《ま》いたように舞い散った。メール山(須弥山)は舞台の踊り子のように激しく動き、海は悲しみに荒れた。神々、龍、阿修羅、そしてブラフマー神(梵天)さえもが嘆き悲しみ、「嗚呼《ああ》、絆《きずな》は断ち切られ、一切の有為は無常となり、生は死に終わる(283)」といった。

ブラフマー神は、当時の慣習どおり葬礼を行なうために、他の神々を率いてブッダの許を訪ねた。ブッダの命を受け、尊者アーナンダは目に涙を浮かべ、マハーパジャーパティーの死を皆に告知した。多くの主だった比丘たちが、ブッダの母に最後の挨拶を送るために四方から集まった。彼らは黄金でできた切妻造りの小屋のなかに寝床(284)を作り、マハーパジャーパティーをそこに横たわらせた。四天王、すなわちクベーラ神もしくは多聞天(毘沙門天)、そして持国天、広目天、増長天が棺を肩に背負い、他のすべての神々は、帝釈天とともに切妻造りの小屋の中に集まった。大自在天は、五百人の比丘尼たちのために、秋の陽光のように輝く五百の切妻造りの小屋を作った。神々は比丘尼たちの棺を肩に負い、作法どおりに儀式を行なった。

空は黄金の太陽、月、星で飾った天蓋《てんがい》で覆われ、旗が掲げられ、華の覆いが広がった。大地から花開いたかのように蓮華が宙にかかり(285)、太陽と月と星が同時に輝きだした。真昼だったにもかかわらず、太陽の光は月光のように冷たかった。

神々は天の香、華、歌、音楽と踊りをもって、この偉大な女性たちを讃え、龍と阿修羅とブラフマー神(梵天)は、彼らの威令によって彼女が運び出されるあいだ、ブッダの母を讃え続けた。五百の比丘尼たちが最初に運び出され、マハーパジャーパティーがその後に続いた。マハーパジャーパティーと五百の比丘尼たちの前に、神々、人間、龍、阿修羅、ブラフマー神たちがおり、ブッダはその後ろに弟子たちとともに控えて、母に別れの挨拶をした。

『テーリー・アパダーナ』は、マハーパジャーパティーの最期の瞬間と葬儀の模様を克明に描いている。それは『涅槃経』におけるブッダのそれ以上の奇瑞《きずい》に満ちていた(286)。ブッダは、彼自身の入滅にあたっては弟子たちに準備をさせなかったが、マハーパジャーパティーの入滅に際しては尊者サーリプッタたちを使った(287)。彼らは火葬の薪《まき》としてあらゆる香木を集め、その上に香を撒いて、マハーパジャーパティーと五百人の比丘尼たちを火葬にした。ブッダの要望にしたがい、尊者アーナンダが慎重に骨を器に集め、彼に手渡した。尊者アーナンダは、マハーパジャーパティーの入滅がブッダの死の予兆であることを察知していた(288)。

漢文資料の伝承

漢文資料についてはすでに紹介したが、それらはおおむね、よく似た話の流れになっている。マハーパジャーパティーはブッダが亡くなる前に命終することを決意し、仏の許しを得て神通力を示し、瞑想の諸段階を経て涅槃に入る。そして五百人の比丘尼たちも彼女を追い、同じプロセスを経て同時に入滅する。そして最後に彼女たちは、世尊および主だった比丘たち、諸天、龍、阿修羅、緊那羅《きんなら》、夜叉などの立ち会う前で荼毘《だび》に付される。しかしながら、各々のテキストにそれぞれ若干の相違が見いだされる。以下にいくつかの興味深く、対照的な点を取り上げてみたい。

『増一阿含経』

すべての漢文資料の中で、『増一阿含経』の描写は最も細やかである。まずなにより、この資料は『テーリー・アパダーナ』に記載されていた入滅の動機、すなわち、ブッダがくしゃみをした事件のことを認めない。代わりに次のような動機を挙げている。

かつてブッダが、五百人の比丘たちとヴァイシャーリーの町の集会場[289]におられたときのこと、マハーパジャーパティーは五百人の阿羅漢比丘尼たちとともに、ヴァイシャーリーの高台寺[290]におられた。そのとき、マハーパジャーパティーは、比丘たちが、「如来は三カ月のうちに、クシナガラの沙羅双樹のあいだに横たわって入滅されるであろう」といっていたのを耳にした。聞き終わって、マハーパジャーパティーはこう考えた。「私は如来の入滅を見るに忍びない。私は尊者アーナンダの入滅も見るに堪えない。今こそ、私自身が、お二人よりも先に涅槃に入るべきときが来たのだ」。

そこで彼女は世尊の許を訪れ、頭礼していった。「私は、世尊が、あと三カ月というごく僅かなあいだに、クシナガラの沙羅双樹のあいだに横たわって入滅されるであろう、と聞きました。私は世尊が、そして尊者アーナンダが入滅するのを見るに堪えません。世尊よお願いです。どうか私があなたより先に入滅することをお許しください[291]」。

彼女の言葉に、世尊は沈黙の同意をもって応え、彼女に許可を与えた。そこでマハーパジャーパティーはさらに世尊に、彼女が世を去った後も、すべての比丘尼たちに律の教示を続けてくれるよう頼んだ。ブッダは答えた。「いま私は、律の規則を比丘尼たちに説くことを認めました。それは私が正規に定めたこととして説かれるでしょう。変更があってはならない」。

そこで彼女は進み出て、ブッダの足下に礼拝し、「これで、私は如来のお顔を見ることができなくなります。私は無余依涅槃《むよえねはん》へ[292]入ってしまうので、未来の仏たちにまみえることもありません。これが最後の生となりますので、未来の仏たちを身に宿すこともありません[293]」。そういうと、彼女はブッダを七匝《そう》して（右回りに巡って）、次に尊者アーナンダを七匝した。そして彼女は比丘たちの僧団（サンガ）を巡ってから、比丘尼僧団に戻り、比丘尼たちに告げた。「私は今、何の思い残すところもなく涅槃に入ろうと思います。なぜなら、如来もまた近く大般涅槃されるからであります。皆さんは、皆さんが善であると考えることをなしなさい」。

そのとき、クシェーマー比丘尼[294]、ウトパラヴァルナー比丘尼、クリシャー・ガウタミー比丘尼[295]、シャクラー比丘尼[296]、シャーマー比丘尼、パターチャーラー比丘尼[297]、カーティヤーヤニー比丘尼、(298)ジャヤー比丘尼等々、五百人の比丘尼たちが世尊を訪ね、片側に立った。そしてクシェーマー比丘尼に率いられて彼女たちはいった。「私たちは、如来が近く、必ずや大般涅槃《だいはつねはん》に入られるだろうと聞きました。私たちは世尊が、そしてアーナンダ尊者が私たちよりも先に涅槃に入られるのを見るに堪えません。世尊よ、私たちがあなたより先に涅槃に入ることをお許しください。入滅が私たちにとって正しいなすべきことなのです」。

　世尊は先と同様、沈黙によって許しを与えた。ブッダの許しを得て、クシェーマー比丘尼は五百人の比丘尼たちとともに、前へ進み出てその足に頭礼し、三匝して下がり、自分たちの僧院へ戻っていった。

　そのとき、マハーパジャーパティーは僧院を閉門し、布団を屋外に広げ、宙に昇ってそこに留まった。彼女は空の上に座し、臥し、動き、歩き、身体から炎を発した。上からは炎を発して、下からは水を発した。上からは煙を出し、身体から炎と煙のどちらも出した。左の脇の下から水を出し、右からは炎を出した。右の脇の下から水を出し、左からは煙を出した。前から炎を出し、後ろからは水を出した。前から水を出し、後ろからは火を出した。そして炎と水を同時に身体から出した。

　このようにして、マハーパジャーパティーは、神通をもちいてさまざまな奇瑞を示した後、元の座に戻り、半跏して軽くなった心と軽くなった身をもって初静慮《しょじょうりょ》（最初の瞑想段階）に入った。初静慮より出て第二静慮（第二の瞑想段階）に入った。そういう同じ過程を重ねていって、第四静慮に入った。第四静慮から出ると、彼女は、空処《くうしょ》[299]、識処《しきしょ》[300]、不用処《ふようしょ》[301]、有想無想処《うそうむそうしょ》[302]、そして想知滅《そうちめつ》[303]と名づけられた瞑想の諸段階へと、順々に入っていった。この想知滅（消滅の境地）の段階を出ると、彼女たちは引き続きすべての段階を逆戻りしていって、初静慮までにいたり、そして最初のときと同様に、初静慮から徐々に上昇して、彼女は第四静慮にいたり、ここでとうとう涅槃に入られた。

そのとき、大地と天は激しく振動した。西の大地が沈めば東が持ち上がり、西が持ち上がれば東が沈み、四方が持ち上がれば中央が沈んだ。冷たい風が四方を吹き渡り、神々はみな天の楽曲を鳴らし、欲界[304]の神々はみな嘆き悲しみ、涙を雨降らせた。偉大なる神々は蓮華と白檀の香りのする木片を持ってきて、それをマハーパジャーパティーの遺体の上に振りまいた。

するとクシェーマー尼、ウトパラヴァルナー尼、クリシャー・ガウタミー尼、シャクラー尼、シャーマー尼、パターチャーラー尼[305]、カーティヤーヤニー尼、そしてジャヤー尼ら五百人の比丘尼たちが、部屋の外に座を広げ、宙に舞い、座り、横たわり、その場を移動したり、あるいは歩いたり、十八の神通を実演してみせてから涅槃に入った。

ちょうどそのとき、ヴァイシャーリーの城にはヤシャ[306]という名の将軍が、五百人の若者たちとともに町の集会所にいた。彼が法（ダルマ）について語ろうとしたとき、遠方で、比丘尼たちが十八の神通を行なっているのが見えた。これはたいへんに幸運なことだと、彼らはみな合掌してやって来た。

そのとき、世尊は尊者アーナンダにいわれた。「行ってヤシャに、急いで五百の寝台[307]と五百の座布団、五百壺のギー、五百瓶の油、五百の輿、五百束の香、五百の荷車に乗せた薪を準備するよう、頼みなさい」。尊者アーナンダはその指示におおいに驚き、世尊に理由を訊ねた。ブッダは答えた。「マハーパジャーパティーは、後に続く五百人の比丘尼たちとともにすでに入滅された。だから葬儀を行ない、遺骨を祀らねばならない」。聞きながら尊者アーナンダは悲しみをこらえきれず、嗚咽《おえつ》をもらし、マハーパジャーパティーの想い出を噛《か》みしめていたが、涙をぬぐうと急ぎヤシャのもとを訪れ、ブッダの意向を伝えた。それを聞くと、将軍もまたマハーパジャーパティーの想い出とともに悲嘆に沈んだ。「どうしてマハーパジャーパティーはそんなにも突然に入滅されたのだろう。これからどなたが私たちに説法して、私たちに布施の施し方[308]を指導してくださるというのか？」。

ヤシャは大急ぎで、五百の棺、五百の座布団、五百瓶の油とギー、五百の荷車に乗せた薪、そしてそのほか葬儀に必要なさまざまな品を準備して世尊のもとを訪れ、そのことを告げた。ブッダは彼にいった「さあ、あなた方がマハーパジャーパティーと五百の比丘尼たちの亡骸《なきがら》を、ヴァイシャーリーから運び出して広場に行ってください。私は葬礼を行ない、遺骨を祀りたいのです」。

ヤシャ将軍はマハーパジャーパティーの僧院に行くと、一人の配下に、はしごを掛けて柵に昇って中に入り、内側から静かに門を開けるよう命じた。その者がいわれたとおりにすると、次に将軍は、五百人の男たち(309)に僧院の中に入るよう命じた。彼らは比丘尼たちの遺体を棺のところまで運び、そこに横たえた。

そのとき、二人の若い見習いの尼僧(沙弥尼《しゃみに》)がいた。一人はナンダー(難陀)といい、もう一人はウパナンダー(優波難陀《うばなんだ》)と呼ばれていた。彼女たちは、師が眠っていると思い込んでいたので、人々に呼びかけた。「みなさま、どうかお止めください。そんなに触れては、先生の目が覚めてしまいます」。しかし皆から師匠がすでに世を去ったことを知らされると、はげしい衝撃を受け、その場でただちに諸行無常の真実を理解した。座しながら速やかに六神通(310)を獲得して、二人の沙弥尼は宙を舞った。まず、五百人の比丘尼たちが安置されている大広場にやって来ると、十八の神通力を示した。座ったり横になったり動いたり歩いたりしながら、身体から水や炎を出した。このように、彼女たちは数限りない奇瑞を示現した。そして彼女たちもまた、心身の構成要素を後に残さない完全な涅槃(無余依涅槃《むよえねはん》)に入り、輪廻転生を超克した。

そのとき世尊は、比丘たちに囲繞《いにょう》されながらマハーパジャーパティーの僧院にやってきて、尊者アーナンダとナンダとラーフラにいった。「お前たちはマハーパジャーパティーの遺体を運びなさい。私は埋葬と遺骨の供養を行なおう[311]」。

世尊の胸のうちを察して、天からは三十三天[312]の帝王である帝釈天や梵天、多くの夜叉を引き連れた多聞天、東からはガンダルヴァ（乾闥婆《けんだつば》）を引き連れた持国天、西からは無数の鳩槃荼《くばんだ》[313]を連れた増長天[314]、南からは多くの龍を連れた広目天、欲界[315]の諸天、色界[316]の諸天、そして無色界[317]の諸々の諸天といった神々が、即時にヴァイシャーリーにやってきた。覚りを得た比丘たち（すべての煩悩と迷妄を滅した者たち）は、帝釈天や三十三天らを目にすることができた。だがいまだ覚りに達しておらず、執着を残している比丘、比丘尼、優婆塞[318]、優婆夷たちに神々は見えなかった。

帝釈天と多聞天が前に進み出て、ブッダに葬送の儀礼を行なっていいかどうか尋ねた。しかし尊者シャーリプトラ（サーリプッタ）が神々にいった。「神々よ、止めなさい。如来は何をいつなすのが適切かを知っている。それは如来その人によってこそなされるべきことだ。神々や龍や夜叉によってなされるべきではない。息子を産み、乳を飲ませてはぐくみ、その腕に抱いて長いこと育てるのは親だ。子は親に多くを負っている。だから恩返しをするのです。神々よ、あなたたちは、過去仏たちの生みの母親が、息子たちより先に亡くなっているのを知るべきです。その後、過去仏たちは自ら葬儀を行ない、母の遺骨を供養している。もし未来仏たちの母親が同様に彼らより先に亡くなったとしても、未来仏たちもやはり同じように祀るはずです。あなた方はこの理を知りなさい。葬儀を行ない、遺骨を供養すべきなのは如来であって、神々や龍、夜叉たちではない(319)」。

これを聞くと多聞天は、五百人の夜叉たちに火葬用の白檀の木を運ぶよう命じた。五百人の夜叉たちはいわれたとおりにした。それから、世尊自らマハーパジャーパティーの棺の一隅を担い、残りの三方はナンダ、ラーフラ、そしてアーナンダが担って宙を飛び、火葬場に到着した。主な比丘たち、比丘尼たち、優婆塞たち、優婆夷たちも、五百の比丘尼たちの棺を担って到着した。二人の沙弥尼のために、世尊はヤシャに命じて、追加の棺と、座と、薪を積んだ荷車を、香木とともに用意させた。ヤシャはそれに従った。そして世尊の司祭のもと、五百人の比丘尼と二人の沙弥尼のための厳粛な法要と葬儀がそれぞれ行なわれた。

そこで世尊は白檀の木を手に取り、それをマハーパジャーパティーの亡骸の上に置きながら、「諸行は無常である。生じたものは必定して滅し、生まれたものは死すべき定めにある。不生なるものは不滅である。寂滅は楽である(320)」と偈を唱えた。火葬場には十ナユタ(垓那術《がいなじゅつ》(321))におよぶ神々と人々が集まった。炎が燃え尽きると、将軍は遺骨を集めてストゥーパを建立した。

ブッダは将軍にいった。「ここであなたが、五百人の比丘尼たちの遺骨も同様に集め、ストゥーパを建立するならば、あなたには永く続く量り知れない功徳があるだろう。なぜなら、ストゥーパを建てられるべき人々に四種類があるからである。どのような四か。如来・等正覚者と、転輪聖王[322]と、仏弟子[323]と、独覚仏[324]とである」。

『根本説一切有部毘奈耶雑事』

『根本説一切有部毘奈耶雑事』では、マハーパジャーパティーが入滅した地は、ヴァイシャーリーではなく、ニグローダ樹園（尼拘律樹園《にぐりつじゅおん》）となっている。ここでは、マハーパジャーパティーは、五百人の比丘尼たちとともに、ブッダや他の長老たちから許しを得て僧院に戻り、七日にわたって修行中の尼僧、沙弥尼そして優婆夷たちに説法を行なっている。それから彼女たちは僧院を出て森にいたり[325]、半跏趺坐《はんかふざ》をもって座し、数々の奇瑞《きずい》を示し、さまざまな瞑想階梯に入り、そして入滅している。彼女たちが自分の僧院で入滅していない点は注目に値する。

ありとある比丘たちが、ブッダの母に別れの挨拶をするため、あたうるかぎりのさまざまな香木をたずさえてあちこちから集まった。私たちはマハーパジャーパティーと五百人の比丘尼の葬儀に参列した者たちのなかに、数々の主要な仏弟子たちの名を見いだすことができる。世尊はコーンダンニャやマハーナーマ、[326] アニルッダ、シャーリプトラ（サーリプッタ）、マウドガルヤーヤナ（モッガラーナ）などの偉大な弟子たちとやって来た。さらに信者たちが後に続いた、プラセーナジット王とその王子、大臣と親族たち、給孤《ぎっこ》独長《どくちょう》者《じゃ》（アナータピンディカ）、リシダッタ、収入役のプラーナ、[327] ムリガラマートリ（鹿子《ろくし》母《も》）と親族たち。各国の大王たちは幾多の親族たちを伴って参集し、その数は億に達した。プラセーナジット王は葬儀のために必要なすべてを調達した。四人の比丘たち、尊者ナンダ、アーナンダ、アニルッダ、ラーフラがマハーパジャーパティーの棺を担い、世尊は右手をそこに添えた。ほかの比丘たちは五百人の比丘尼たちの棺を運んだ。

　葬儀に先立って、世尊はマハーパジャーパティーと五百人の比丘尼たちの覆いを取り除き、再びすべての比丘たちに告げた。「皆これを見よ。マハーパジャーパティーは齢百二十歳にして老いの兆しを見せず、十六の若き乙女のように初々しい」[328]。パーリ資料も、彼女が亡くなったとき百二十歳であったことは語っているが、若々しく、老いと無縁な姿であったとは記録していない。そしてプラセーナジット王と多くの人々がさまざまな種類の香木を運び、マハーパジャーパティーと五百人の比丘尼たちの遺体を荼毘に付した。

　毘奈耶雑事は、このマハーパジャーパティーの生涯から新たな律の項目が生み出されたという。マハーパジャーパティーの葬儀後、ブッダは宣言した。「比丘たちよ、これからは、お前たちの誰かがくしゃみをしたとき、長生きしますように、といってはならない。もしもそんなことをしたら、おまえたちは越法《おっぽう》の罪（微罪）に問われることになる(329)」。

『仏母般泥洹経』およびその他のテキスト

『仏母《ぶつも》般泥洹経《はつないおんぎょう》』の場合、派手な描写は抑え気味にされている。入滅のきっかけとしては『増一阿含経』とほぼ同じ理由を挙げるが、少しだけ異なっている。こちらによれば、マハーパジャーパティーは、比丘たちがブッダの入滅について語るのを聞いたのではなく、彼女自身が、「すべてを普《あまね》く見わたす禅定」（普智《ふち》定《じょう》）に入り、世尊が、尊者アーナンダやシャーリプトラやマウドガルヤーヤナともども、近く涅槃に入ることを予見したのだという。それ以外の点については、先に挙げた資料とほとんど同一の内容である。

このテキストでは、ヤシャ居士(330)やほかの婆羅門の居士たちが火葬のすべての準備を行なっている。『増一阿含経』と同様、こちらでも沙弥尼たちが師は眠っていると勘違いして（ただし『増一阿含経』では二人であったのに対してこちらは三人）、事実に気づいて彼女たちもまた入滅している。パーリ資料とは異なり、ブッダは（アーナンダではなく）尊者シャーリプトラに母親の入滅を告げている。火葬は在家者たちの手によって行なわれ、ブッダより命を受け、尊者アーナンダが托鉢用の鉢に遺骨を集め、師に手渡している。すると彼は比丘たちと居士たちに向かって、彼女たちの記念として供養塔を建てるよう要請する。諸天、阿修羅、龍が彼女たちのためにストゥーパを建立し、華と香と音楽をもって供養し、周囲を三度廻って、無常の教えを慶びいただいた。

『大愛道般泥洹経《だいあいどうはつないおんぎょう》』は、『仏母般泥洹経』とほぼ同一の物語を伝えているところから、どちらの翻訳者も同じ原典を用いているものと推測される。

『大荘厳論経』は、漢訳で伝わる諸異本として先に挙げた五種類の物語のうちでは、最もパーリ伝承に近いものである。ただし葬儀の後、遺骨を集めてストゥーパを建立するよう皆に告げるのはアーナンダである。

ともに世俗を捨て、比丘尼となった五百人の釈迦族の女たちが、マハーパジャーパティーと同じ命運をたどったことは、すべての資料が一致して認めるところである。彼女たちは、マハーパジャーパティーの入滅の決意を知ったとき、彼女たち自身もともに世を去ることを望んだ。これはマハーパジャーパティーが、いかにすぐれた比丘尼僧団（サンガ）の指導者であり、強い影響力をもっていたかを語るにあまりある逸話といえる。

(258)「大仙人（釈尊）よ、かの私は齢百二十となりました。
猛き者（釈尊）よ、これでもう十分です。

導師（釈尊）よ、私は般涅槃いたします」（AP, II, p. 536, verse no. 93, ThiA, p. 146, verse no. 96）。

(259)『テーリー・アパダーナ』（The Therī-Apadāna, No. 17, pp. 529-543, Lilley, Mary E. ed., Oxford, PTS, 2000）には、ウォルターズの流麗な英訳がある（Jonathan S. Walters "Gotamī's Story" in Buddhism and Practice, edited by Donald S Lopez, Jr., Princeton University Press, Princeton, New Jersey, 1995, pp. 113-138）。

(260)「それゆえアパダーナにいわれている」（ThiA, p. 138）。

(261) The Therīgāthā-aṭṭhakathā（Paramatthadīpanī VI）, pp. 135-155, Pruitt, William (ed.), PTS, Oxford, 1998.『テーリーガーター注』もウィリアム・プルットによって英訳された（the Commentary on the Verses of the Therīs, PTS, Oxford, 1999）。ここには実際『テーリー・アパダーナ』の偈が引用されている。

(262)『大愛道般涅槃経』大正二巻、（No. 144）八六七頁～八六九頁、白法祖、二九〇年～三一六年訳出。

(263) Mahāprajāpatīparinirvāṇasūtra は、著者による『大愛道般涅槃経』からの還元サンスクリット。

(264)『大荘厳論経』巻第十四、大正二巻、（No. 201）三三三頁上～三三六頁中、鳩摩羅什、三八四年～四八一年訳出。

(265)『増一阿含経』巻第五十「大愛道般涅槃品」大正二巻、（No. 125）八二一頁中～八二三頁中、慧簡、三九七年訳出。

(266)『仏母般涅槃経』大正二巻、(No. 1425) 八六九頁中~八七〇頁下、慧簡、四五七年以降の訳出。
(267) Buddhamātāparinirvāṇasūtra は、著者による『大愛道般涅槃経』からの還元サンスクリット。
(268)『根本説一切有部毘奈耶雑事』巻第十、大正二四巻、(No. 1451) 二四八頁上~二四九頁上、義浄、六三五~七一三年訳出。
(269) 彼女は阿羅漢比丘尼なので、過去および未来を見る能力がそなわっている。
(270)『テーリーガーター注』には、尊者マハーカッサパの名前も見いだすことができる。
(271)「ブッダ、および一対をなす最上の弟子(サーリプッタとモッガラーナ)、ラーフラ、アーナンダ、ナンダ
の入滅は、私には見るに耐えません。
私は寿命の勢力を打ち破り、捨て、
世界の主たる大仙人より許しを得て、涅槃に入ろうと思います」(AP, II, p. 529-530, verse no. 3 & 4 ; ThiA, p. 138, verse no. 4-6)。
(272)「あるとき、法を説きながら、世に並ぶ者なき導師(世尊)は、くしゃみをされた。
そのとき、私は、愛情をもって希望の言葉を申し上げた。
〝大いなる勇者に長寿あれ、大いなる仙人は一劫も永らえよ。
全世界のために、不老不死であれ〟
かくのごとき言葉を申し上げたこの私に、ブッダはこう仰った。
〝ゴータミーよ、貴女が礼拝したような仕方でブッダを礼拝すべきでない〟
……(中略)……

〝熱心に精進努力し、常に力強く励み、和合した弟子たちを見よ、
それらがブッダへの礼拝である〟
そして住居へ戻り、日々、私は考えた。
〝三界を極めた方が、和合の集まりを喜んでおられる。
さあ私は入滅しよう、あの方が嘆くのを見るべきではない〟と」（AP, II, p. 535, verse no. 68-74；
ThiA, p. 71-77）。

(273) 原語トーヤ（toya）は、単に「水」を意味するが、ここでは「涙」と訳した。

(274) AP, II, p. 530, verse no. 10-11；ThiA, p. 139 verese no. 14

(275) 「善逝」は、ブッダの尊称のひとつ。

(276) 曼陀多（Mandhātar）は、釈迦族の伝説上の王。

(277) AP, II, p. 532, verse no. 31-38；ThiA, p. 141 verese no. 34-41

(278) 「ゴータミーが笑顔で逝けば、ブッダもまた間を措かずに入滅する。
火種の尽きた炎のように」（AP, II, p. 534, verse no. 62, ThiA, p. 144, verse no. 65）。

(279) 比丘・比丘尼たちが在家者たちに神通を誇示することは禁じられている。他方、比丘・比丘尼
たちの前で行なうことは認められている（VP, Vol. II, pp. 110-112）。

(280) この部分はすでに「第二章　在家信女として」で触れた。阿羅漢となった彼女は、自分の過去
世と未来世を見ることができたので、入滅前にその様子を比丘・比丘尼たちに語ったのである。

(281) AP, II, p. 539, verse no. 136, ThiA, p. 150, verse no. 139

(282) 「娘たちよ、どうか落胆のあまり魔の罠に陥ることのないように

諸行は無常です。あらゆる軛から放たれれば、動ずることもありません」（AP, II, p. 540, verse no. 144, ThiA, p. 150, verse no. 147）。

(283) AP, II, p. 540, verse no. 153, ThiA, p. 151, verse no. 156

(284) 寝台あるいは担架のごときものであろう。

(285) 『テーリー・アパダーナ』には、「虚空に烟が下りた」（ogatākāsadhūmā）とあるが（AP, II, p. 542, verse no. 167）、ここでは『テーリーガーター注』の「虚空に蓮華が下りた」(ogatākāsapadumā) という読みを採用した（ThiA, p. 153, verse no. 170）。

(286) 「ブッダの入滅もそれにおよばぬほど、ゴータミーの入滅は不思議きわまるものであった」（AP, II, p. 542, verse no. 173, ThiA, p. 153, verse no. 176）。

(287) 「ブッダの入滅に際して、ブッダは比丘たちに準備をさせなかった。ゴータミーの涅槃に際しては、サーリプッタたちにそれをさせたのに」（ThiA, p. 153, verse no. 177）。

(288) 「ゴータミーは横たわり、その身体は焼き尽くされ、ブッダの入滅の遠くないことが示された」（AP, II, p. 542, verse no. 177 ; ThiA, p. 154, verse no. 180）。

(289) 普会講堂（Santhāgara）。

(290) 高台寺（Kūṭāgārasāla）。原語は漢訳に基づく著者の推定。

(291) 「爾の時、大愛道は前みて仏に白して言さく〝我、世尊の久しからずして当に滅度を取りたまう、却後三月を過ぎずして拘夷那竭の娑羅双樹の間に在すと聞き、我、今世尊及び阿難の滅度を取りたまうを見るに堪えざるなり。唯だ願わくば世尊、我、先に滅度を取ることを聴したまえ〟と」（『増一阿含経』巻第五十「大愛道般涅槃品第五十二」大正二巻、八二一頁下）。

(292) どのような要素（蘊）も残らないことをいう（anupādisesa nibbāna Skt. nirupadhiśeṣa nirvāṇa）。

(293) 「爾の時、大愛道は復た仏に白して言さく〝我、今更に如来の顔色を見たてまつらず。亦た将来の諸仏の胞胎を受けずして、永く無為に処りたまうを見たてまつらず。今日聖顔を遠く離るれば、永く更に覲たてまつらじ〟と」（大正二巻、八二二頁下）。

(294) パーリ語ケーマー（Khemā）、漢訳「差摩」からクシェーマ（Kṣema）という原名を推定した。『仏教漢梵大辞典』では、クシェーマンカラ（Kṣemaṃkara）とされている。

(295) パーリ語キサー・ゴータミー（Kisā-gotamī）、漢訳に「基梨施」とあり、また後に再び言及されるときは、「基梨施瞿曇弥比丘尼」といわれているところから、クリシャー・ガウタミー（Kṛśā-gautamī）というサンスクリットに還元した。

(296) パーリ語サクラー（Sakulā）、漢訳「舎仇梨」からシャクラー（Śakulā）というサンスクリット名を想定した。

(297) 漢訳「鉢陀闌柘」からパターチャーラー（Paṭācālā）という原名を推定した。

(298) 漢訳「闍耶」からジャヤー（Jayā）というサンスクリットに還元した。『仏教漢梵大辞典』ではジャヤ（Jaya）とされている。

(299) 空処。いわゆる空無辺処（ākāsānañcāyatana, Skt. ākāśānantyāyatana）のこと。詳しくは巻末の「語彙解説」参照。

(300) 識処。識無辺処（viññāṇañcāyatana, Skt. vijñāṇānantyāyatana）のこと。

(301) 不用処すなわち無所有処（ākincaññāyatana, Skt. ākincanyāyatana）。詳しくは巻末の「語彙解説」参照。

（302）有想無想処すなわち非想非非想処（ānevasaññānāsaññāyatana, Skt. naivasaṃjñānāsaṃjñā-yatana）。
（303）想知滅（saññāvedayitanirodha）あるいは滅尽定（nirodhasamāpatti）。いわゆる小乗仏教の伝統において重視される。巻末の「語彙解説」参照。
（304）欲界（kāmadhātu）。詳しくは巻末の「語彙解説」参照。
（305）漢訳「波陀闌遮羅」からパターチャーラー（Paṭācālā）という原名を想定した。
（306）漢訳「耶輪堤」からヤシャ（Yaśa）という原名を想定した。
（307）ここではおそらく棺を乗せる上輿のことであろう。
（308）布施に関する律の規定を指していると思われる。
（309）おそらくヤシャとともにいた五百人がここまでついて来たのであろう。
（310）三明六通（六神通、chaḷ abhiññā, Skt. ṣaḍ abhijñā）：六種類の特殊な超常能力。これらの不思議な力は、仏や阿羅漢が瞑想修行をして智慧を獲得した結果、得られるものとされる。詳しくは巻末の「語彙解説」の「六神通」の項目を参照。
（311）「爾の時、世尊は阿難、難陀、羅云に告げたまわく〝汝等は大愛道の身を挙げよ。我、当に躬自ら供養すべし〟と」（大正二巻、八二二頁下）。
（312）三十三天（tāvatiṃsa, Skt. trāyatriṃśa）。詳しくは巻末の「語彙解説」参照。
（313）鳩槃茶。巨大な陰嚢（水瓶の形をしている）をもつ鬼。巻末の「語彙解説」を参照。
（314）増長天。四天王の一人で南方の守護神。
（315）欲界（kāmadhātu）。ここに棲むものたちには食欲と性欲がある。

(316) 色界（rūpadhātu）。ここに棲むものたちは食欲も性欲もない。
(317) 無色界（arūpadhātu, Skt. ārūpyadhātu）。ここに棲むものたちは肉体を持たない。
(318) 女性の在家信者を優婆夷（upāsikā）と呼ぶのに対して、男性在家信者を優婆塞（upāsaka）という。
(319)「舎利弗は諸天に告ぐ〝止みね、止みね、天王、如来は当に時を知りたまうべし。此れは是れ如来の修行すべき所、是れ天龍鬼神の及ぶ所に非ざるなり。然る所以は、父母、子を生み、多く益する所有り、長養の恩重く、乳哺懐抱す。要らず当に恩を報ずべし。恩に報いざるを得ず。然して諸天、当に知るべし。過去の諸仏世尊の所生の母は先に滅度を取りたまい、然る後に諸仏世尊は皆自ら舎利を供養し、蚍旬したまえり。たとい将来の諸仏世尊所生の母も先に滅度を取り、然る後に諸仏は皆自ら供養したまう。此の方便を以て知る、如来は応に自ら供養したまうべし、天龍鬼神の及ぶ所に非ざるなり〟と」（大正二巻、八二三頁上）。
(320)「一切行は無常なり、生ずれば必ず尽くること有り。生ぜずは則ち死せず。此の滅を最楽と為す」（大正二巻、八二三頁中）。
(321) 垓那術（那由多、nayuta）は膨大な数の単位をあらわす。中村元『広説仏教語大辞典』一七七頁によれば、一千億に相当するという。
(322) 転輪聖王（cakravartin）についての詳細は巻末の「語彙解説」を参照されたい。
(323) テキストには声聞（śrāvaka）とある。
(324)「仏は大将に告げて曰く〝汝、今五百比丘尼の舎利を取りて、与に偸婆を起さば、長夜の中に福を受くること無量ならん。然る所以は、世間に四人有りて偸婆を起さん。云何が四と為すや。若し人有りて如来、至真、等正覚の与に偸婆を起し、転輪聖王の与に声聞・辟支仏の与に偸婆を起さば、福を受くること無量ならん〟と」（大正二巻、八二三頁中）。

(325) 空閑処（araṇya）。瞑想に相応しい人里離れた場所のことであろう。

(326) 漢訳「大名」から原名はマハーナーマ（Mahānāma）と推定される。

(327) プラーナ（Purāṇa）は漢訳に「故旧長者」とある。

(328) 「汝等此れを看よ。大世主喬答弥は寿百二十歳なるも身に老相無きこと、十六歳の童女の如し」（大正二四巻、二四九頁上）。

(329) 「是の故に苾芻、若し他が嚔する時、応に〝長寿〟と謂うべからず。若し故言する者は越法罪を得」（大正二四巻、二四九頁上）。

(330) ヤシャ居士（Yaśa）は漢訳に「耶游」とある。

おわりに

このように、最初の比丘尼であり、ブッダの義母であるマハーパジャーパティーは、仏教史のみならず、女性史にも新しい歴史を刻んだ。彼女は理想の母であり、従順な妻であり、敬虔な在家信者であり、そしてそれらに優るとも劣らないくらい誠実な比丘尼であった。

彼女は比類のない愛情をブッダに注いだ。彼女が実の息子ナンダを乳母のもとに預け、自らは生まれたばかりのシッダールタに乳を与え、世話をしたという話は人々の胸をうつ。もし彼女が乳を与えず、育ててあげなかったら、仏教は今とは異なった道を歩んでいたことであろう。世界は、彼女が釈迦牟尼世尊を育てた事実により永遠の恩恵を受けているのである。

パーリ語および漢訳で書かれた多くの資料は、マハーパジャーパティーを「仏母」と表現している。「仏母」といわれるとき、たいていの場合、それはマハーマーヤー（あるいはマーヤー、摩耶夫人《まやぶにん》）ではなく、マハーパジャーパティーを指している。このことは、経典編纂者や注釈家や翻訳者たちが、マハーパジャーパティーをマハーマーヤー以上に、ブッダの母親として崇拝し尊敬していた事実を示唆する。『仏本行集経』や『増一阿含経』にいたっては、マハーパジャーパティーをブッダの実母として扱ってさえいる。

彼女の心は世尊に対する慈愛にあふれていた。それは今生一代限りのことではなく、『小ダンマパーラ前生物語』に描かれているように、遥か前世からのことであった。しかしマハーマーヤーに関しては、そのような逸話は伝えられておらず、前世においてもブッダの母であったかどうかはなおざりにされている。

マハーパジャーパティーの臨終を描く物語の根底には仏教の無常観が流れている。ただ、マハーパジャーパティーは阿羅漢となり、あらゆる執着から解放され、諸行無常を完全にさとってはいたが、それでもなお、彼女の世尊に対する母としての深い情愛は、彼女をして息子より先に入滅せしめるほどのものだった。(331) そして世尊は自ら母の棺を運び、息子として従順に葬儀を執り行なった。そこに描かれるのは神格化された仏ではなく、ひとりの人間の姿である。

アーナンダと在家信者たちの嘆きは人々の琴線に触れる。また彼女とブッダの会話、再びブッダの顔を見ることができないことを嘆き悲しむ姿は、あらためて彼女の、息子に対する心からの愛情のありようをまざまざと示す。多くのテキストにおいて、マハーパジャーパティーはしばしば「養母」としてではなく、ただ「ブッダの母」として讃えられている。

マハーパジャーパティーは入滅に際して、女に生まれ「女王」と呼ばれ、あるいは「王の母」と呼ばれることはままあっても、「ブッダの母」（仏母）と呼ばれる機会は稀である、という偈によって、自らの満足をあらわした。この名誉を得て、彼女はそれ以上、何も望まなかった。

『増一阿含経』によれば、ブッダその人とナンダ、ラーフラ、アーナンダがマハーパジャーパティーの棺の四端を担った(332)。南アジア一帯、とりわけインドに深く根ざした風習に従い、棺を担う権利はまず息子に、そして孫に与えられたのである。

マハーパジャーパティーは、スッドーダナ王の生前中は妻としての義務を尽くした。彼女はすでに、さとりにいたる最初の段階に進んでいて、出家生活に心惹かれてはいたが、夫が亡くなるまでは実行しようとしなかった。現存する漢訳の化地部《けじ》の律蔵（『五分律《ごぶりつ》』）によれば、彼女はスッドーダナ王がまだ生きているうちに出家したことになっている。しかしこの場合も、望む者がいれば誰にでも出家を認めよう、という宣言を承けて、比丘尼になりたいという希望を満たすべく、名乗りを上げたのである。

新しい衣を準備して釈尊に献上しようとした一件や、前世において自らの食事を独覚仏たちに布施したという伝説は、優婆夷としての彼女の情熱的な献身ぶりを物語っている。衣を布施する逸話のなかで、彼女は当時、王妃の身であったが、世尊へ捧げる新しい衣を納めた籠を、自らの頭に乗せることに何の躊躇もしていない。

パーリ資料が伝えるように、世尊が成道の後はじめてカピラヴァッツを来訪した際に、ナンダは世尊に心服して比丘になっている。したがってマハーパジャーパティーがブッダに新しい衣を仕立てたとき、彼女の実の息子ナンダも、すでに袈裟と鉢を得た比丘としてそこにいたのである。しかし彼女はただブッダ一人のためだけに新しい衣を用意した。自らの息子である尊者ナンダにも何かしら布施したかどうかは審《つまび》らかでない。

女性たちおよび仏教界は、彼女の比丘尼としての貢献により多大な恩恵を受けている。彼女の熱心な努力と強い意志があればこそ、仏教世界を支える四本柱のひとつ、すなわち比丘尼僧団（サンガ）は確立された。彼女は僧団の一員となるために八敬法のあらゆる項目と条件を進んで受け容れた。ここに、比丘尼になりたいという彼女の強い意志を見ることができる。

その葬儀の様子など、比丘尼としての彼女をめぐるエピソードのいくつかは、ブッダがいかに彼女を敬愛していたかをありありと物語るものである。彼女が病にかかったとき、世尊は自ら彼女の許へ行き説法している。彼女の侘《わび》しい表情を見て、食事をしていないと気づいたときは、「川を渡る際、比丘と比丘尼は同じ船に相乗りしてはいけない」という戒律を改めている。彼女がみすぼらしい衣をまとっているのを見たときは、比丘と比丘尼が衣を交換することを禁じている。このように世尊は、偉大なるマハーパジャーパティー比丘尼であり、彼の母親でもある人のために、ときに戒律の規定を変更しているのである。

マハーパジャーパティーの臨終にあたって、尊者サーリプッタが神々に告げた、「親の葬儀は、育ててもらった息子の果たすべき務めである」という言葉は、子としての義務を示す優れた教訓であると同時に、古代インドにおいて母親に与えられた社会的な地位が、どれほど高いものであったかを物語っている。

マハーパジャーパティーが周囲に与えた影響は、出家比丘尼たちのみにとどまらず、広く優婆塞、優婆夷といった在家弟子にまで及んだ。その入滅を聴いたときの、痛ましいまでの信者たちの嘆きぶりは、彼女がいかに皆から愛されていたかを物語っている(333)。命終に立ち会ったヤシャ将軍と尊者アーナンダが、マハーパジャーパティーの追憶に悲嘆した逸話は私たちの心を揺さぶる。尊者ウパセーナの仲間の、ある比丘と、衣を交換してあげた話があるように、彼女は比丘たちに対しても愛情あふれる人だった。

彼女は比丘尼僧団の指導者として責任ある立場にあった。『増一阿含経』において、彼女は自分自身の滅後も釈尊が比丘尼たちへの説教を続けてくれるよう懇願している[334]。彼女が指導者として、弟子の比丘尼たちに対する責任の重さをよく自覚していたことがわかる逸話である。聖典にはそのような物語が他にも数多く伝えられている。比丘尼たちに何か問題が起これば、いつでも彼女のもとに知らせが届き、彼女はそれを世尊に知らせる。世尊もまた、何か訓示を示すような場合には、彼女をとおして比丘尼たちに集まるよう伝えていた。

彼女は真の意味で比丘尼僧団の指導者であった。五百人もの弟子たちの信頼を一度に獲得するなど、けっして容易になし得る業ではない。彼女たちはマハーパジャーパティーの後を追って僧団に加わったばかりでなく、彼女が入滅しようとしていることを知ったとき、彼女とともに世を去る決意を固めた。マハーパジャーパティーと弟子の比丘尼たちの死出の旅は、あたかもガンジス川が五百の支流を伴って海に流れ込むがごとくであったと、美しく描かれている[335]。

『テーリー・アパダーナ』に語られるところでは、ブッダから入滅の許しを得たマハーパジャーパティーが自分の僧房へ帰ると、世尊は自ら彼女を見送るために、大群衆とともに僧房の入り口までやって来たという[336]。さらに、彼女が世を去ると、世尊は彼女の棺の後ろを歩いていったといわれているが[337]、これはなかなか見られない稀な場面である。『テーリー・アパダーナ』と『テーリーガーター注』では、世尊が棺の背後を歩むと、前方には天、龍、阿修羅たちがいたという。ここではブッダは師として、あるいは僧団の指導者としてではなく、彼女の息子としてその亡骸に随《つ》き従った。ブッダは息子としての謙遜を表明するために、背後を歩くことを望んだのである。これは、たとえどれほど高い地位を得ようが、息子はけっして母を超えないという事実を示している。またさらに、死に臨む彼女を深く礼拝したのは優婆塞、優婆夷、比丘、比丘尼ばかりに留まらない。世界のすべてが——神々、阿修羅、ガンダルヴァ（乾闥婆）、夜叉たちもが、彼女を欽慕《きんぼ》したのである。

マハーパジャーパティーの生涯を概観すれば、それはしばしば仏教聖典のうちに典型的に見られるような伝説的物語ではない。むしろヒューマニティという光に照らし出された同時代の社会的通念や習慣、そして人の愛情と慈しみを描き出している。同時にそれは、すべては無常である、という仏教の偉大な真理をも顕示している。にもかかわらず、仏教的な観点からすれば不合理に聞こえるだろうが、これらのエピソードのうちにときおり、母の愛情や、母に対する息子の誠実な献身といった、人間らしい情感があふれていることは否定できない。そこではもはや、産みの母であるか、育ての母であるかということは問題にもならない。

このように見たとき、ジョナサン・S・ウォルターズの言葉は正鵠《せいこく》を得ている。「彼女は女性世界におけるブッダの対偶であり、男性僧団の創始者であり指導者であったブッダに対して、女性僧団の創始者かつ指導者として（起こりえないことではあるが）、相い並び立つ存在である。〝ゴータミー〟の姓は、彼女が女性のブッダであることを象徴する。……ブッダは〝ゴータマ〟の名で知られているが、〝ゴータミー〟は文法的にその女性形なのである[338]」。

マハーパジャーパティーがブッダの許しを得て比丘尼僧団を創立するや、多くの女性たちが弟子入りを志願した。彼女たちは煩わしい家事から解放され、多くの者たちは阿羅漢果を得た。『テーリーガーター』に描かれているのは、そのように阿羅漢となった女性たちの、心奥からの声で語られた宗教体験である。『テーリーガーター注』の序論もそう証言している[339]。

このようにマハーパジャーパティーは、出家者と在家信者、いずれにおいても数多くの弟子をもった。彼女は多くの女性たちから、女王として、同時にまた一人の尼僧として思慕された。かつての予言どおり、彼女は真にすぐれた後継者に、すなわち息子と娘たちに恵まれた。彼女の息子はアジアを照らす光となり、娘たちの比丘尼僧団は、彼女をその生みの母親として後世に伝えた。マハーパジャーパティー比丘尼の遺したものは世代から世代へと継承され、幾多の浮沈を経たものの、なお連綿と途絶えることがない。いまも世界中で、数百数千の女性たちが、ブッダの母にして比丘尼僧団の母である人に対する深い畏敬の念をいだきながら、その足跡に続いているのである。

(331)「あるとき、法を説きながら、世に並ぶ者なき導師（世尊）は、くしゃみをされた。そのとき、私は、愛情をもって希望の言葉を申し上げた」（AP, II, p. 535）。「爾の時、世尊は四衆に囲繞せられ、大衆中に在りて嚏したまう。時に瞿曇弥比丘尼、仏の嚏す声を聞き、その養仏愛子の故を以て而も是の言を作さく〝長寿したまえ世尊〟と」（大正四巻、三三三頁上）。

(332)「爾の時、世尊は躬自ら床の一脚を挙げたまい、難陀一脚を挙げ、羅云一脚を挙げ、阿難一脚を挙げて虚空を飛在し、彼の塚間に往至す」（大正二巻、八二三頁上）。

(333) (a)「信心篤い優婆夷たちは、道を往くその姿を見るや、家から歩み出で、その足許に礼拝しこういった。〝浄心あれ、偉大な財をお持ちの方よ、寄るべのない女たちを捨て去られませんよう。貴女さまが入滅など、ふさわしいことではございません〟と、彼女たちは苦悩に満ちて語るのだった」（AP, II, p. 531, verse no. 18-19, ThiA, p. 140, verse no. 21-22）。

(b)「手で胸を叩き、根を切られた蔓草のごとく、彼女たちは泣きながら嘆き、叫び、悲しみと苦悩のうちに大地に倒れた」（AP, II, p. 539-540, verse no. 141-142, ThiA, p. 150, verse no. 144-145）。

(334)「爾の時、大愛道は重ねて仏に白して言さく〝今より已後、唯だ願わくば世尊、諸の比丘尼の与に説戒したまえ〟」（大正二巻、八二二頁下）。

(335)「ゴータミーは五百人とともに入滅された。ガンジス河が五百の支流とともに海へ流れ込むように」（AP, II, p. 531, verse no. 17, ThiA, p. 140, verse no. 20）。

(336)「世にこの上なき導師、かの賢者は、集まった多くの人々とともに、庵のところまで叔母につき従っていった」（AP, II, p. 539, verse no. 134, ThiA, p. 150, verse no. 137）。

(337)「前方を諸天や人間、龍、阿修羅、梵天たちが、後方をブッダとその弟子たちが、母の供養のために歩んだ」（AP, II, p. 542, verse no. 172, ThiA, p. 153, verse no. 175）。

(338) Walters, 1995, "Gotami's Story", p. 117

(339)「このように、比丘尼僧団（サンガ）がしっかりと設立され、多くの人々を擁するようになるや、ときに村々や町々、そして各地方や都からは、家婦たち、嫁たち、娘たちがあらわれ、仏が正しき覚者であり、法が正しき真理であり、僧が正しき行者たちであることを聴き、教えを浄らかに信じ、迷いの輪廻に生ずることを怖れ、己の夫や父母や親戚の承認を得て、教えを胸にいただいて出家した。出家して、戒と行を円満し、大師、そしてかの長老たちの面前で教誡を受け、努め励みつつ、ほどなく阿羅漢果を証したのであった」（ThiA, p. 4）。

阿鼻地獄（あびじごく　avīci　無間《むけん》地獄）　仏教の八大地獄のうち、最も恐ろしい地獄。一万リーグ（約四万八千キロメートル）にわたる広がりをもつ。スペンス・ハーディによれば、ガヤーの菩提樹の真下、七百マイル（千百キロメートル強）のところにあるという。阿鼻地獄の炎は強力で、百リーグ離れた所から見ている者の目をも焼くといわれている（DPPN, Vol. I, pp. 199-200）。地獄の最下層に位置し、七つの堅固な鉄の壁に囲まれているので、住人たちが逃れることはできない。『阿毘達磨倶舎論』によれば、阿鼻地獄は地下二万ヨージャナ（由旬）の場所にあり、厚みは二万ヨージャナというから、最下層から地上までは四万ヨージャナあることになる。広さは幅、奥行きともに八万ヨージャナである。『大智度論』によれば、五逆罪を犯した者や正法を誹謗した者は阿鼻地獄に落ちる運命にあるという（SGDB）。

阿羅漢（あらかん　arahat, arahant, Skt. arhat, arhant）　欲望と輪廻から完全に解放された者。聖者の第四段階にいたった者であり、これは小乗仏教において最上の位とされる。また、初期の仏教においては、ブッダに冠される十の称号（如来十号）のひとつとして、ブッダその人が阿羅漢と呼ばれていた。大乗仏教が興ると、阿羅漢の意味は「小乗仏教において最高のさとりを得た者」に限定されるようになった（JEBD, p. 11）。

安居（あんご　vassa, Skt. varśa, vārśika）　雨季の修養。雨が降る季節の三カ月間、比丘と比丘尼が旅と屋外活動を中断し、雨露をしのげる場所に集まり、学習と修行に専念する。インドの雨季中、僧侶たちは伝統的に、第四月の十六日から第七月の十五日までの三カ月、洞窟や僧院に住む。激しい雨によって旅と野外活動が困難になるからであり、また、雨が降ると活発になる、昆虫や幼虫などの小さな生き物を踏み殺してしまわないようにするためでもある。この伝統は、釈尊の在世時よりはじまったといわれている。安居のあいだ、僧侶たちは仏教の教えを学び、瞑想やそのほかの修行に従事し、かつて犯した過ちを懺悔する。三カ月を終えた最後の日、僧侶たちは自身の戒律違反を公に告白する。日本において三カ月の安居が最初に行なわれたのは、六八三年のことといわれている（SGDB）。

一来（いちらい　sakadāgāmin, Skt. sakṛdāgāmin）　さとりにいたる聖者の（四段階のうちの）第二段階にいたった者。あと一度だけこの世界に転生するので「一来」という。

空無辺処（くうむへんしょ　ākāsānañcāyatana, Skt. ākāśānantyāyatana 空処）　空間の有限性を離れた領域。瞑想修行の基本四段階（四静慮）を超えると、さらに高度な四（もしくは六）段階の精神状態があって、その第一段階でこの領域を認識することができる（PED, p. 93）。

鳩槃荼（くばんだ　kumbhaṇḍa, Skt. kumbhāṇḍa）　水瓶のような巨大な陰嚢をもつ鬼。人々の精気を奪って颪のように去って行くと信じられている。四天王のうち南を護衛する増長天の従者で、表現されるときには人の身体と馬の頭で描かれる。胎蔵界曼荼羅では最も外側の方形に配置される（JEBD, p. 205r）。

香酔山（こうすいせん　Gandhamādana）　山脈。頂は高原になっており緑色である。ナンダムーラカと名づけられた斜面に、黄金窟、宝玉窟、白銀窟という三つの洞窟がある。これら三つの洞窟が独覚たちの住居である。新たな独覚が世に出現すると、彼はまず香酔山に赴く。世界中の独覚たちはそこに集結して彼を出迎え、そして三昧《さんまい》に入って忘我の境地にいたる。その後、彼らのなかの年長者が、新参者に対して、どのようにして独覚となったかを訊ねるのである（DPPN, pp. 746-747）。

業処（ごっしょ　kammaṭṭhāna, Skt. karmasthāna）　仏教における瞑想の様式のひとつで、分析的瞑想とでも呼ぶべきもの。これを実践する者は、心を任意の対象に向けて定め、その多様なあり方と変貌の全容を深く洞察する。そして、その対象に関するすべてが、結局は不安定で悲嘆すべき幻のごときものであることを見いだす。この瞑想をやりやすくするための一連の様式があって、一部の人々には祈禱と誤解されているが、そこで瞑想対象の要目が列挙される（DPL, p. 179）。

三十三天（さんじゅうさんてん　tāvatiṃsa, Skt. trāyatriṃśa）　須弥山の頂上に住む三十三の神々（諸天）の住居。いまだ欲望にとらわれた神々の住む六つの天界（六欲天）の第二番目にあたる。帝釈天が中央を占め、四方にそれぞれ八種類の諸天が住む（JEBD, pp. 282-283）。

色界（しきかい　rūpadhātu）　物質的世界。この世界に住む神々は食欲も性欲ももたず、光を糧とする（JEBD, p. 279, 309）。

式叉摩那（しきしゃまな　sikkhamānā, Skt. śikṣamāṇā, 学女法、正学女）　すでに世俗生活を放棄して、比丘尼になるまでの二年間の見習い期間にある女性。通常の五戒、すなわち「殺さない（不殺生）」「盗まない（不偸盗）」「嘘をつかない（不妄語）」「性的な過ちを犯さない（不淫）」「酒類を飲まない（不飲酒）」に加えてもうひとつ、「不適切な時間（午後および夜）に食事をとらない（不非時食）」を実践する。

自恣（じし　pavāraṇā, Skt. pravāraṇā, pravāraṇa）　安居の締めくくりに行なわれる告白の儀式（JEBD, p. 154）。インドでは、雨季に開かれる安居の最終日に、僧侶たちが公に戒律違反を告白し、罪を懺悔する儀礼を行なう。インドの三カ月の雨季のあいだに、僧侶たちは地方遍歴を止めて一箇所にとどまり、そこで学習や瞑想などの実践に専念する。これが仏教聖典にいう「安居」であり、「夏坐」あるいは「九旬禁足」などとも呼ばれる。この期間の最終日に、その地域のすべての僧侶は、僧院生活上の規律違反や不適切な振る舞いを、お互い自発的に告発し懺悔しあう集まりに参加する。この儀式は今日も南方上座仏教諸国で行なわれている（SGDB）。

沙弥尼（しゃみに　sāmaṇerī, Skt. śrāmaṇerī）　新参の女性出家者。十戒を実践する。比丘尼になるための最初の段階である。

神通（じんずう　abhiññā Skt. abhijñā）　超常能力。解脱した比丘（阿羅漢）は六神通をそなえている。すなわち、（1）さまざまなところに姿をあらわし、飛行する、化身を使うなどの多種多様な超常能力（神足通）、（2）超常的な聴覚（天耳通）、（3）他人の思考を読む能力（他心通）、（4）他人の前世を知る能力（宿命通）、（5）超常的な視覚（天眼通）、そして（6）煩悩の断滅による解脱の獲得（漏尽通）、である（DN, Vol. III, p. 281）。比丘について言及される場合が多いが、比丘尼も同様であると考えられる。実際、比丘尼が神通を得た例は多くの聖典にいわれている。

転輪聖王（てんりんじょうおう　cakkavattī rājā Skt. cakravartin, cakravartī rājā, 転輪王）全世界の帝王。転輪王には四種類がある。金輪王は東西南北の四大陸を統治し、銀輪王は東と西と南の大陸、銅輪王は東と西の大陸、鉄輪王は南の大陸をそれぞれ統治する（JEDB, p. 353）。パーリ資料では、全世界の帝王なる者として三種を挙げる。鉄囲山転輪王（cakkavāḷacakkavattī）は四大陸を統治し、州転輪王（dīpacakkavattī）は一つの大陸のみを統治し、方転輪王（padesacakkavattī）は大陸の一部を統治する（DPL, p. 98, PED, p. 259）。

独覚（どっかく　pacceka Buddha, Skt. pratyeka Buddha, 縁覚・独覚・辟支仏）　独自にさとった仏。隠遁生活を送り、師をもたずに独自にさとりを得る者（独り覚る＝独覚）。そのさとりは十二縁起を知ることによってもたらされる（縁起を覚る＝縁覚）。自らのさとりを得ることはできても、他者をさとりに導くことはできない（JEBD, pp. 29-30, 60）。

尼薩耆波逸提（にさっぎはいつだい　nisaggiya pācittiya, Skt. naiḥsargika-prāyaścittika）比丘・比丘尼の僧院生活に適用される律の一種。無駄な持ち物、あるいは不適切な持ち物の没収に関する規定で三十項目からなる。この容疑で有罪とされた出家は、不当な所有物を没収されたうえ、四人以上の比丘たちの前で懺悔しなければならない（JEBD, p. 245r）。

パドマヴァティー（Padumavatī）　五百人の独覚たちの母親。かつてバーラーナシー近郊の村の家長の娘として生まれた。ある日、父の農園で見張り番をしていたとき、一人の独覚を見かけ、彼に蓮の花と五百穀の米料理を捧げて供養し、五百人の息子を授かりますように、と祈願した。そのとき、傍にいた五百人の猟師が独覚に蜂蜜と肉を捧げて供養し、彼女の息子になりますように、と祈願した。後世、彼女は蓮池の蓮の花の中に転生し、それゆえ「パドマヴァティー」、すなわち「蓮華（パドマ）を持てる者」と名づけられた。ある苦行者が彼女を見て、連れて行くことにした。彼女の行くところはどこでも、その足跡の一歩一歩に蓮の華が咲いた。バーラーナシーの王がその噂を聞き、彼女を正室に迎えた。彼女は五百人の息子を産み、いちばん歳下の弟がマハーパドマであった。五百人の息子はみな独覚になった。『増支部経典注』は、このパドマヴァティーは、ウッパラヴァンナー長老尼の前世の姿である、といっている（DPPN, Vol. II, p. 135）。

不還（ふげん　anāgāmin）　さとりにいたる聖者の（四段階のうちの）第三段階にいたった者。

もう再びこの世界に輪廻することのない者。

布薩（ふさつ　uposatha, Skt. upaṣada, upavāsa, upavasatha）　僧団の構成員によって月二回（満月と新月の日）に開かれる告白の儀式。この日は四人以上の比丘が集まれば儀式は成立するが、僧団（サンガ）に属する全員の出席が望まれている。戒本（戒律の項目）が章ごとに読み上げられ、各章が終わると指導者が、いま読み上げられた禁止事項について出席者が潔白であるかどうかを三度ずつ確認する。そこで、自らに破戒の憶えのある僧は、誰でも告白をして、しかるべき罰則に服さなければならない（DPL, p. 535）。在家信者たちも週に一回、つまり月に四回は八斎戒の誓いを護ることで布薩を実施する。

摩那埵（まなた　mānatta, Skt. mānatva）　償いあるいは罰則の一種で、僧残罪を犯した場合に適用される。この罰則においては、犯戒した者が一定期間（六日間）、同胞の比丘より下位に置かれる。摩那埵の懲罰に二種類があり、ひとつは「非覆蔵摩那埵」、すなわち進んで罪を告白した場合の罰で、もうひとつは「覆蔵摩那埵」、すなわち罪を隠した場合の罰である。後者には「別住」、つまり一定期間離れて過ごさなければならない罰も伴う（DPL, p. 235）。

無碍解（むげげ　paṭisambidā）　四種の論理的分析力、もしくは弁別する力。四種とは、(1)意味の分析的洞察力（義無碍解）、(2)因果関係の分析的洞察力（法無碍解）、(3)言語表現あるいは定義の分析的洞察力（詞無碍解）、(4)理解もしくは知性の分析的洞察力（弁無碍解）である（AN, Vol. III, p. 113）。

無色界（むしきかい　arūpadhātu, Skt. ārūpyadhātu）　物質性を欠いた世界。この世界に住む神々は精神のみとして存在し、肉体をもたない（JEBD, p. 228）。

無所有処（むしょうしょ　ākiñcaññāyatana, Skt. ākiñcanyāyatana 不用処）　非存在の領域。物質的実体をもたない神々の世界（無色界）の第三段階。そこに棲む者たちは「すべて（所有）は存在しない」と信じているので、このように称される（DPL, p. 24）。

滅尽定（めつじんじょう　nirodhasamāpatti, 想知滅）　小乗仏教において重視される禅定。死の状態に似ているが、体温・寿命・意識の存在は認められる。心作用とは異なるはたらき（心不相応行）に分類される。不還以上の位に達した人が修習し、たいてい七日間以上持続する（JEBD, p. 219）。

欲界（よっかい　kāmadhātu）　欲望の世界。ここに棲むものは食欲と性欲をもつ。六欲天と呼ばれる下級の神々の世界、人、阿修羅、畜生、餓鬼、そして地獄が属する（JEBD, p. 279, 366）。

預流（よる　sotāpanna, Skt. srotāpanna）　さとりへの流れに入った者（流れに預かった者）。さとりにいたる聖者の四段階の最初の段階。

六神通（ろくじんずう　chaḷ abhiññā, Skt. ṣaḍ abhijñā, 三明六通）　六種類の特殊な超常能力。ブッダや阿羅漢たちがそなえるこれらの神秘的な能力は、禅定と智慧によって獲られたものである。それらは、(1)活動の自由（神足通）、(2)すべてを見わたせる眼（天眼通）、(3)すべてを聞ける耳（天耳通）、⑷他人の思考を読む能力（他心通）、⑸前世を知る記憶力（宿命通）、⑹完全な自由の獲得（漏尽通）である。このうち、⑵天眼通と⑸宿命通と⑹漏尽通は三つの叡智（三明）としても知られている。また、過去・現在・未来の三つを知る能力が「三明」といわれる場合もある（『広説仏教語大辞典』六〇九頁）。

文献一覧

一次資料

1　増支部経典（The Aṅguttara-Nikāya）　テキスト・翻訳および註釈

（i）　The Aṅguttara-Nikāya : Richard Morris (ed.) : Part-I & II, Prof. E. Hardy (ed.) : Part-III, IV & V, the PTS, Oxford, 1999, 1995, 1994, 1999 and 1999 respectively.

（ii）　The Book of the Gradual Sayings : F. L. Woodward (tr.) : Vol. I, II, V, E. M. Hare (tr.) : Vol. III, IV, the PTS, London, 1979, 1982, 1973, 1978 and 1986 respectively ; Motilal Banarasidass Publishers Private Limited, Delhi, 2006 [Indian Edition].

（iii）　The Aṅguttaranikāya-aṭṭhakathā 〈The Manorathapūraṇī〉: Max Walleser (ed.) : Vol. I, Max Walleser & Hermann Kopp (ed.) : Vol. II, Hermann Kopp (ed.) : Vols. III, IV, V, the PTS, London, 1973, 1967, 1966, 1979 and 1977 respectively.

（iv）　The Aṅguttaranikāyaṭīkā Cattutthā Sāratthamañjusā : Primoz Pecenko (ed.), vol. II, the PTS, Oxford, 1997.

2　アパダーナ（The Apadāna）
（ⅰ）The Apadāna : Mary E. Lelley (ed.), Part-I & II, the PTS, Oxford, 2000.
（ⅱ）The Apadānaṭṭhakathā 〈Visuddhajanavilāsinī〉: C. E. Godakumbura (ed.), the PTS, Oxford, 1988.

3　比丘尼律（The Bhikṣuṇī-Vinaya）
The Bhikṣuṇī-Vinaya : (Including Bhikṣuṇī-Prākirṇaka and a summary of the Bhikṣu-Prākirṇika of the Ārya-Mahāsaṃghika-Lokottaravādin) Gustav Roth, K. P. Jayaswal Research Institute, Patna, 1970.

4　仏種姓経（The Buddhavaṃsa）
（ⅰ）The Buddhavaṃsa : N. A. Jayawickrama (ed.), the PTS, London, 1974.
（ⅱ）The Buddhavaṃsaṭṭhakathā 〈Madhuratthavilāsinī〉: I. B. Horner (ed.), the PTS, London, 1978.

5　ダンマパダ（The Dhammapada）
（ⅰ）The Dhammapada : O Von Hinüber & K. R. Norman (ed.), the PTS, Oxford, 1994.

(ii)　The Dhammapada-A Collection of Verses (English translation of the Dhammapada) : F. Max Müller (tr.), the Sacred Books of the East, Vol. 10, Motilal Banarasidass Publishers Private Limited, Delhi, 2004 [reprint].
(iii)　The Comentary on the Dhammapada (Dhammapadaṭṭhakathā) : H. C. Norman (ed.), 4 volumes, the PTS, London, 1970.
(iv)　The Buddhist Legends 〈English translation of the Dhammapadaṭṭhakathā〉: Eugene Watson Burlingame (tr.), Charles Rockwell Lanman (ed.), 3 volmes, Motilal Banarasidass Publishers Private Limited, Delhi, 2005 [reprint].

6　長部経典（The Dīgha Nikāya）

(i)　The Dhīga Nikāya : T. W. Rhys Davids & J. Estlin Carpenter (ed.), 3 volems, the PTS, London, 1995, 1995 and 2001 respectively.
(ii)　The Dialouges of the Buddha : T. W. Rhys Davids (tr.), Vol. I, T. W. and C. A. F Rhys Davids (tr.), Vol. II & III, Motilal Banarasidass Publishers Pvt. Limited, Delhi, 2000 [Indian edition].
(iii)　『長部』（ディーガニカーヤ）全六巻（パーリ仏典第二期）、片山一良訳、大蔵出版、東京、二〇〇三（Ⅰ&Ⅱ）、二〇〇四（Ⅲ&Ⅳ）、二〇〇五（Ⅴ）、二〇〇六（Ⅵ）年

(iv) 『原始仏典』全三巻（長部経典）：森祖道他訳（第一巻）、中村元他訳（第二巻、第三巻）、春秋社、東京、二〇〇三（第一巻）、二〇〇三（第二巻）、二〇〇四（第三巻）年

7　島史（The Dīpavaṃsa）

The Dīpavaṃsa : H. Oldenberg (ed. & tr.), the PTS, Oxford, 2000.

8　ジャータカ（The Jātaka）

(i) The Jātaka : V. Fausbøll, (ed.), 6 volumes, the PTS, London, 1962, 1963 (Vols. II, III, IV, V), 1964.

(ii) The Jātaka : 〈English translation of Pāli Jātaka〉: E. B. Cowell (ed.), 6 volumes, Motilal Baranasidass Publishers Private Limited, Delhi 2005, [reprint]

9　ジャータカマーリー（The Jātakamālī）

The Jātakamālī : A. P. Buddhadatta (ed.), the PTS, London, 1962.

10　国訳一切経（The Kokuyaku issai Kyō）

『国訳一切経』大東出版、東京

11　摩訶僧祇律比丘尼戒本（The Mahāsaṃgika-Bhikkhuṇī-Vinaya）

The Monastic Discipline for the Buddhist Nuns (An English Translation of the Chinese Text of the Mahāsaṃgika-Bhikkhuṇī-Vinaya) : Akira Hirakawa (tr.), Kashi Prasad Jayaswal Research Institute, Patna, 1982.

12　大統史（The Mahāvaṃsa）

The Mahāvaṃsa : W. Geiger (ed.), the PTS, London, 1958 [reprint].

13　マハーヴァスツ・アヴァダーナ（The Mahāvastu Avadāna）

（ⅰ）　The Mahāvastu Avadānaṃ 〈Le Mahāvastu〉 É. Senart (ed.), Vol. I, 名著普及会、東京、一九七七年。[reprint edition].

（ⅱ）　The Mahāvastu (English translation) : J. J. Jones, Vol. I, the PTS, London, 1987.

14　中部経典（The Majjhima Nikāya）

（ⅰ）　The Majjhima-Nikāya : V. Trenckner (ed.) : Vol. I, Robert Chalmers (ed.) : Vol. II & III, the PTS, Oxford, 2002, 2004 and 2003.

（ⅱ）　The Collection of the Middle Length Sayings : I. B. Horner (tr.), 3 volumes, Motilal

Banarasidass Publishers Private Limited, Delhi, 2004 [Indian edition].
（iii） The Papañcasūdanī Majjhimanikāyaṭṭhakathā : J. H. Woods & D. Kosambi (ed.) : Vol. I & II, I. B. Horner (ed.) : Vol. III, IV & V, the PTS, London, 1977, 1979, 1976 and 1977 (Vols. IV&V) respectively.
（iv）『中部』（マッジマニカーヤ）：第六巻（パーリ仏典第一期）、片山一良訳、大蔵出版、東京、一九九七（第一巻）、一九九八（第二巻）、一九九九（第三巻）、二〇〇〇（第四巻）、二〇〇一（第五巻）、二〇〇二（第六巻）年
（v）『原始仏典』第四、第五、第六巻（中部経典）：及川真介他訳（第四巻）、浪花宣明訳（第五巻）、田辺和子他訳（第六巻）、春秋社、東京、二〇〇四（第四、第五巻）、二〇〇四、二〇〇五（第六巻）年

15 ミリンダ王の問い（The Milindapañha）
（i） The Milindapañho : V. Trenckner (ed.), the PTS, London, 1986.
（ii） The Milinda's Questions : I. B. Horner (tr.), 2 volmes, the PTS, Oxford, 1969.
（iii）『ミリンダ王の問い』：中村元・早島鏡正訳、東洋文庫七、平凡社、東京、一九六三年

16　南伝大蔵経
『南伝大蔵経』大正新修大蔵経刊行会、東京

17　ペータヴァッツ（The Petavatthu）
（i）　The Petavatthu : Minayeff (ed.), the PTS, London, 1988.
（ii）　The Petavatthu Aṭṭhakathā : The Chaṭṭha Saṅgāyana Tipitaka, Vipassana Research Institute, Igatpuri, Maharashtra, India.

18　相応部経典（The Saṃyutta Nikāya）
（i）　The Saṃyutta-Nikāya : M. Leon Feer (ed.), 5 volumes, the PTS, London, 1973, 1970, 1975, 1973 and 1976 respectively.
（ii）　The Book of the Kindred Sayings : C.A. F. Rhys Davis (tr.) Part-I & II, F.L. Woodward (tr.) : Part-III, IV, V, Motiral Baranasidass Publishers Private Limited, Delhi, 2005 [Indian edition].
（iii）　The Saṃyutta-Nikāya-aṭṭhakathā 〈Sāratthappakāsinī〉: F. L. Woodward (ed.), 3 volumes, the PTS, London, 1977.

19　スッタニパータ（The Sutta Nipāta）
（i）　The Sutta-Nipāta : Dines Andersen & Helmer Smith (ed.) , The PTS, Oxford, 1997.
（ii）　The Sutta Nipāta Aṭṭhakathā 〈Paramatthajotikā II〉: Helmer Smith (ed.), 3 volumes, the PTS, London, 1966, 1966 and 1972 respectively.

20　大正新修大蔵経（The Taishō Tripiṭaka）
『大正新修大蔵経』大正新修大蔵経刊行会、東京

21　テーラガーター（The Theragāthā）
（i）　The Theragāthā : Hermann Oldenberg (ed.), the PTS, Oxford, 1999.
（ii）　The Elders' Verses-I : K. R. Norman (tr.), the PTS, London 1969.
（iii）　The Psalms of the Early Buddhists Vol. II (Psalms of the Brethren) : Mrs, Rhys Davids, the PTS, Oxford, 1994.
（iv）　The Paramattha-Dīpāni Theragāthā-Aṭṭhakathā : F. L. Woodward (ed.), 3 volumes, the PTS, 1971, 1977 and 1984 respectively.
（v）『仏弟子の告白』：中村元訳、岩波文庫、東京、一九八四年

22　テーリーガーター（The Therīgāthā）

（ⅰ）　The Therīgāthā : Richard Pischel (ed.), the PTS, Oxford, 1999.

（ⅱ）　The Elders' Verses-II : K. R. Norman (tr.), the PTS, London, 1971.

（ⅲ）　The Psalms of the Early Buddhists Vol. I (Psalms of the Sisters): Mrs, Rhys Davids, the PTS, Oxford, 1994.

（ⅳ）　The Therrīagāthā-Aṭṭhakathā (the Paramattha-Dīpāni VI) : William Pruitt (ed.), the PTS, 1998.

（ⅳ）　The Commentary on the Verses of the Therīs : William Pruitt (tr.), the PTS, Oxford, 1999.

（ⅵ）『尼僧の告白』：中村元訳、岩波文庫、東京、二〇〇四年

23　ウダーナ（The Udāna）

The Udāna : P. Steinthal (ed.), the PTS, London, 1982.

24　パーリ律（The Vinaya Piṭaka）

（ⅰ）　The Vinaya Piṭakaṃ : Hermann Oldenberg (ed.), 5 volumes, the PTS, London, 1997, 1995, 1993, 2001 and 2006 respectively.

(ii) The Book of the Discipline (English translation of the Vinaya Piṭaka) : Hermann Oldenberg (ed.), 5 volumes, the PTS, London, 1997, 1995, 1993, 2001 and 2006 respectively.

(iii) The Vinaya Texts (English translation of the Vinaya Piṭaka) : T. W. Rhys Davids, and Hermann Oldenberg (tr.), 3 volumes, the Sacred Books of the East Series, Motilal Banarasidass, Delhi, 1974, 1974, 1974 respectively.

(iv) The Samantapāsādikā (Buddhaghosa's commentary on the Vinaya Piṭaka) : Junjiro Takakusu and Makoto Nagai (ed.), 7 volumes, the PTS, London, 1975, 1968, 1967, 1966, 1982, and 1981 respectively.

辞書・事典

1 A Critical Pali Dictionary (V. Trenkner, Dine Anderson et. al., Royal Danish Academy, Copenhagen, 1924-)

2 赤沼智善『印度仏教固有名詞辞典』：法藏館、京都、一九六七年、再刊

3 稲垣久雄『日英仏教語辞典』：永田文昌堂、京都、一九八四年

4 A Dictionary of Pāli 〈Part-I〉 (Margaret Cone, the PTS, Oxford, 2001).

5 A Dictionary of Pali Language (Robert Caesar Childers, Asian Educational Services,

New Delhi, 2003 [reprinted from Trubner & Co., London, 1875]).
6 平川彰『仏教漢梵大辞典』：霊友会、東京、一九九七年
7 Concise Pali-English Dictionary (A. P. Buddhadatta Mahāthera, Motilal Banarasidass Publishers Private Limited, Delhi, 1997 [reprint]).
8 The Dictionary of Pāli Proper Names (Malalasekera, G. P. (ed.), 2 vols, Munshiram Manoharlal Publishers Private Limited, New Delhi, 2002).
9 雲井昭善『パーリ語仏教辞典』：山喜房仏書林、東京、一九九七年
10 丸山孝雄・小野玄妙編『仏書解説大辞典』：大東出版社、東京、一九九九年、縮刷版
11 『日英仏教辞典』：大東出版社編、東京、一九九九年、増補普及版
12 中村元『広説仏教語辞典』全四巻　東京書籍、東京、二〇〇五年
13 織田得能『織田仏教大辞典』：大蔵出版、東京、一九八八年
14 The Pali-English Dictionary (T. W. Rhys Davids & William Stede, Motiral Banarasidass Publishers Private Limited, Delhi, 2003 [reprint]).
15 The Pali Tipitakaṁ Concordance (Listed by F. L. Woodward et. al., arranged and edited by E. M. Hare, the PTS, London, 1973).
16 水野弘元『パーリ語辞典』：春秋社、東京、一九八一年

二次資料

1 Bode, Mabel, "Women Leaders of the Buddhist Reformation", the Journal of the Royal Asiatic Society : Great Britain and Ireland, Royal Asiatic Society, London, 1893.

2 Burlingame, E. W, Buddhist Parables, Buddhist Traditional Series, Vol. 13, Motilal Banarasidass Publishers Private Limited, Delhi, 2004 [reprint].

3 ショバ・ラニ・ダシュ「比丘尼僧伽の成立とそれをめぐる問題点」:『大谷大学大学院研究紀要』第一九号、二〇〇二年

4 Dash, Shobha Rani, "Women under Yellow Robe", Buddhism in Global Perspective, Vol .1, Somaiya Publication, Mumbai, 2003.

5 ショバ・ラニ・ダシュ「仏典における女性差別の解釈をめぐって――女人出家の問題から」:『印度学仏教学研究』第五五巻二号、二〇〇〇年

6 平川彰『比丘尼律の研究』:平川彰著作集　第一三巻、東京、一九九八年

7 Horner, I. B, Women Under Primitive Buddhism : laywomen and almswomen, Motilal Banarasidass Pupblishers, Delhi, 1990.

8 森章司・本澤綱夫「Mahāpajāpatī Gotamī の生涯と比丘尼サンガの形成」:『原始仏教聖典資料による釈尊伝の研究・一〇』『中央学術研究所紀要』モノグラフ篇、第一〇論文、中

央学術研究所、東京、二〇〇五年、オンラインからの参照も可。
http://www.sakya-muni.jp/monograph/10/10-1/
9　中村元『仏弟子の生涯』：中村元選集　決定版　第一三巻、東京、一九九一年
10　Walters, Jonathan S., “Gotamī’s Story”, Buddhism in Practice, Donald S. Lopez Jr. (ed.), Princeton University Press, New Jersey, 1995.

その他

1　The Chaṭṭha Saṅgāyana Tipiṭaka CD-Rom, Vipassana Research Institute, Igatpuri, Maharashtra, Inida.（オンラインからの入手も可。http://www.tipitaka.org/）
2　The Chinese Buddhist Electronic Text Association, Taiwan（http://www.cbeta.org/）
3　The Digital Dictionary of Buddhism, edited by Charles Muller（http://www.buddhism-dict.net/ddb/)
4　The Soka Gakkai Dictionary of Buddhism（http://www.nichirenlibrary.org/en/dic/toc/）

訳者解説

本書は、仏教の開祖ゴータマ・ブッダ（釈尊）の母親、マハーパジャーパティー・ゴータミーの生涯を追った評伝である。「評伝」と呼ぶにはあまりに神話的表象に満ちているが、記述はすべて資料に忠実で、著者による潤色の手は加えられていない。並行記事も採録されており、基本的には学術書に分類されるべき書物である。しかし、だからといって専門的な研究者だけに向けて書かれたものでもない。耳慣れない古代インドの人名や地名など、固有名詞の頻出にはとまどわれる向きもあるかもしれないが、仏教や女性史に関心をもつ一般の人々を広く視野に入れて、可能なかぎり平明な叙述が心がけられている。理解の一助となるべく、本文中の仏教用語を説明した「語彙解説」も付されている。また巻末には、悠に二千五百年にわたる歳月を越え、アジア各地に伝播し保存されてきた「ブッダの母」をめぐる物語の全容を、容易に知ることができる。

*　　　*　　　*

日本では「ブッダの母」といえば、マーヤー妃（摩耶夫人《まやぶにん》）ということになっている。これは花祭り（潅仏会）の影響によるところが大きい。花祭りは四月八日、釈尊の生誕を記念して営まれる法要だが、我が国の仏教界では、明治後半から大正期にかけて、この日を「東洋の降誕祭」として大々的に喧伝する動きがあった。要するに、急速に押し寄せつつあった西洋化の波、その象徴としてのクリスマスの普及に対抗しようということだったらしい。その名残りか、今日でも四月八日になると、仏教系の保育園や幼稚園では宗派を問わず、まるで聖母マリアの処女懐胎とキリスト生誕を模したかのような釈尊誕生物語が語られる——いまから二千五百年前の昔、ヒマラヤのふもと、シャカ族の王国で、マーヤー妃がある夜、胎内に六牙の象が入ってくる夢を見る。そしてマーヤーは懐妊し、やがて元気な男子を産んだ。この子こそゴータマ・シッダールタ、後の釈尊であった……。

しかし伝説によれば、実母マーヤーは産後の肥立ちが悪く、釈尊を出産後、わずか一週間ほどで世を去ったという。そのマーヤーに代わって釈尊を引き取って自ら乳を飲ませ、実母さながらの愛情をもって彼の成長を見届けた育ての母こそ、本書の主人公マハーパジャーパティーである。彼女は実母マーヤーの妹（あるいは姉）であり、したがって血縁的には釈尊の叔母にあたるが、マーヤーともども釈尊の父スッドーダナに嫁いでいるため、義母でもある。本書の著者も述べているように、原始仏教聖典で「ブッダの母」（仏母）といえば、それはもっぱらマーヤーではなく、マハーパジャーパティーのことを指す。

それればかりではない。釈尊が出家し、「ブッダ」（めざめた人）となってからは、彼女はその敬虔な信徒の一人として仕え、さらには出家を願い出て、史上最初の比丘尼（女性僧）となった。

本書の末尾に引用されたウォルターズの評言を借りれば、比丘僧団が釈尊から始まったように、比丘尼僧団はマハーパジャーパティーから始まった。彼女はブッダの母であるばかりではなく、女性信者、比丘尼たちすべての「聖母」として、広くアジアの仏教圏で信仰を集めている。

そのため、マハーパジャーパティーは釈尊と同じように神格化され、その生涯をめぐるエピソードはさまざまに語られた。しかも古典インド文献の常として、誕生の予言から臨終の奇跡にいたるまで、現存資料の記述は相互に矛盾も多く、またその細部は神秘的、超自然的な描写に彩られている。本書は、それらさまざまな文献から採られた断章を、余計な加工を加えずに紡ぎ、さらには前世物語（ジャータカ）も挿入しながら織りなした、マハーパジャーパティーの生涯を語る一幅の絵巻物である。お読みいただければ分かるように、著者の繊細な手つきで配列されたエピソードがゆるやかに連携して描き出すのは、比丘尼であり、同時に子を想う母でもある、ひとりの女性の慈愛に満ちた姿であるが、物語が進むにつれ、次第にその背後に、母を敬愛する息子の影も浮かび上がってくる。

成長し、ブッダとなった釈尊は、はじめのうちマハーパジャーパティーに対して冷淡な態度をとる。彼女が在家信女だったころ、「息子のために」と手ずから織りあげた袈裟を、釈尊は受け取ろうとしなかった。そして後日、マハーパジャーパティーが出家を願い出たときには、「女人が出家することを喜ばしいことと考えてはならない」といって拒絶している。後日、弟子アーナンダのとりなしによって女人の出家を認めることになるのだが、その際、八つの項目にわたって男性僧団への全面的服従を誓わせる。仏教史に悪名高い八敬法（八重法）の制定だが、そもそも釈尊はなぜ、マハーパジャーパティーの出家を拒んだのか。この問いに対して本書は、それは何よりも彼女が母親だったからではないか、と考える。王妃であった自分の母が髪を剃り、質素な出家生活に身を投じたいと志願してきた、その事実に対して釈尊の胸には、一人の息子としての戸惑いや動揺、躊躇など、さまざまな思いが去来したのではなかったか。だとすれば、釈尊に女人の出家の拒絶という大きな過ちを犯させたのは、彼の母に対する情愛であったといえるのではないか。

実際、マハーパジャーパティーがひとたび尼僧となってからの釈尊の態度は、母に対する深い思いやりを感じさせるものばかりである。母が病で僧院に臥せっていると聞けば、戒の規定を変えて自ら説法に赴き、着古した衣を彼女の上質の袈裟と交換した比丘がいれば、呼びつけて厳しく叱責し、母が川渡しの船に乗り損ねてその日の食事を得られなかったことを知ると、比丘と比丘尼が船に同乗することも状況次第で許可する、と命じている。そしてマハーパジャーパティーの入滅に際しては、息子のつとめとして懇《ねんご》ろに葬儀を行なっている。本書はブッダの弟子であり母であったマハーパジャーパティーの物語であると同時に、その師でありつつ息子であり続けたブッダ、釈尊その人の物語でもある。

*　*　*

原著の「序」の中で、ピーター・スキリング博士が「いにしえの比丘尼僧団の復興を願う今世の女性仏教徒、男性仏教徒たちにとって、彼女はひとつの啓示である」と述べている点について、少し補足説明をしておきたい。現在、スリランカ、タイ、ビルマ、ラオス、カンボジアなど、パーリ聖典を用いる南方上座部系の仏教には比丘尼が存在しない。正式な比丘尼の出家の儀式には、立会人として出家後十年以上を経た比丘十名、そして十二年以上を経た比丘尼十名が必要だが、十一世紀初頭のスリランカにおいて、比丘尼が欠員となり、その伝統は途切れてしまった。同様にチベット仏教においても、正規の比丘尼は存在しない。こんにち多くの比丘尼を擁するのは韓国と台湾の仏教界である。そのため南方仏教やチベット仏教の尼僧のなかには、そういった国々で出家儀礼を受けてから自分の国に戻って活動する者もいるが、それは邪道と見なされるため、必ずしもうまく行っていないようである。

一九八七年、こういった伝統仏教教団の男女格差を解消すべく、欧米からの女性出家者を中心に国際女性仏教者協会「サキャディーター」（釈迦の娘たち）が立ち上げられた。そしてその二十年にわたる活動は、二〇〇七年夏にドイツで開催されたハンブルグ会議でひとつのピークに達した。この会議の詳細については、優れたレポートがあるので参照されたいが（岩本明美「仏教比丘尼戒復興運動と二〇〇七年ハンブルグ国際会議」『南山宗教文化研究所研究所報』一八号、二〇〇八年）、本書の出版はちょうどそのハンブルグ会議の翌年にあたる。「序」におけるスキリング博士の記述は、会議の熱気の余韻を感じさせるものであり、いわば、たった一人で出家を許されたマハーパジャーパティーの原点に立ち返って（本書八九〜九〇頁参照）、新たに比丘尼の出家を再創造してはどうか、という提言と理解できる。

＊　＊　＊

本書の原著は二〇〇八年に韓国から刊行された（Shobha Rani Dash, *Mahāpajāpatī : The First Bhikkhunī*, Blue Lotus Books, Seoul, 2008）。著者ショバ・ラニ・ダシュ博士はインド東部のオリッサ（オディシャー）州出身のインド学・仏教学者で、一九九五年、デリー大学に修士論文「初期仏教の発展に対する女性の貢献――特に『テーリーガーター』を中心に――」（英文）を提出して学位を取得した後、当時の文部省から奨学金を受けて日本に留学、日本語を習得して京都の大谷大学大学院に学んでいる。二〇〇四年には論文「日本における尼僧の諸相――インドの観点から」で大谷大学から博士号を取得、現在は大谷大学文学部国際文化学科の准教授として、日本で教鞭を執りながら、オリッサ州の貝葉写本研究、仏教遺跡やヒンドゥーの供養儀礼に関するフィールド研究、日本とインドの比較文化、インドの舞台美術論など、多岐にわたる分野で活躍中である。なかでも「女性と仏教」が博士にとって重要な研究テーマであることは、先に挙げた二篇の学位論文の題目、そしてほかならぬ本書によって明らかである。

訳者は、著者ショバ先生の友人でもある、名古屋大学インド文化学研究室の畝部俊也准教授の紹介で本書を知った。一読してその内容に惹かれ、同時に、平明な英語で書かれた本文が、学部の授業のテキストとしてうってつけだと思い、本書を勤務先の同朋大学文学部仏教学科「仏教文化講読」の教材として採り上げた。

講読の授業と併行して私訳を作りながら、学生たちと二年ほどで本文を読み終え、さらに注に引用されたパーリ語原典の全文和訳と漢文の読み下しに取りかかった。個人的な研究ノートのつもりだったが、大谷大学名誉教授の小谷信千代先生と、京都で研究会のあと食事をご一緒した折り、話題が本書に及んだ。小谷先生がショバ先生に、本書の日本語版を出すよう勧めており、本人もそれを希望しているが、雑事に追われてなかなか取りかかれない、といった話だった。そのとき、酒が回っていた訳者はうっかり、ほぼ完成した本文和訳があるので提供しましょうか、と口を滑らせてしまった。その二週間後には再び京都にて、小谷先生の音頭のもと、ショバ先生と訳者の三人で、日本語版の出版に向けて、「固めの杯」を交わすことになってしまっていた。それから完成原稿の入稿までに一年半もの歳月が費やされてしまった理由は、ひとえに訳者の仕事の遅さにある。

＊　＊　＊

翻訳にあたっての方針は、冒頭の「凡例」に示したが、固有名詞の原語（カタカナ）表記について一言しておきたい。インド仏教における原語表記には通常、インド古典の標準語である梵語（サンスクリット）が用いられる。しかし原始仏教分野に関しては、俗語もしくは方言であるパーリ語で書かれた資料が豊富に現存するため、パーリ語表記が優先される場合も多い。とくに本書のように、パーリ語聖典と漢文資料（梵語原典からの漢訳）を同等の比重で併用している場合は、どうしても両言語が混在してしまう。原著では、「マハーパジャーパティー」（梵語は「マハープラジャーパティー」）など、主要な固有名詞はパーリ語に統一しつつ、梵語からの漢訳資料を典拠とする箇所では梵語表記も用いている（本書二〇頁以下参照）。したがって、釈迦族の国の首都は、パーリ語資料に基づく記述のなかでは「カピラヴァッツ」、漢訳（梵語）資料では「カピラヴァストゥ」となり、同様にマハーパジャーパティーの夫にして釈尊の実父の名は、パーリ語資料では「スッドーダナ」、漢文資料では「シュッドーダナ」となる。日本語版もこの基本方針に従いつつ、場合によっては、パーリ語表記に梵語表記をカッコ内に挿入するなどの措置をとった。

＊　＊　＊

日本語版の出版をご快諾いただいたショバ・ラニ・ダシュ先生、怠惰な訳者を尻目に出版のための段取りをすべて整え、さらに「邦語訳への序」をご執筆くださった小谷信千代先生、原著の版元ブルー・ロータス・ブックス、本書を訳す最初のきっかけを作ってくださった畝部俊也先生、同朋大学文学部の、水曜一限目「仏教文化講読Ⅱ」を受講してくれた学生のみなさん、法藏館編集部の戸城三千代編集長、装幀をご担当いただいた熊谷博人さん、そして出版までに数々のご配慮をいただいた法藏館編集部の今西智久さんに、この場を借りてお礼を申し上げます。

二〇一五年六月

福田　琢

著者
シヨバ・ラニ・ダシュ（Shobha Rani Dash）

インド、オリッサ（オディシャー）州生まれ。デリー大学で修士号を取得後、文部省（当時）から奨学金を受けて大谷大学大学院に留学。2004年、大谷大学から博士号を取得。現在、大谷大学文学部国際文化学科准教授。共著書に『インド・オリッサ――秘密佛教像巡礼』（柳原出版、2012年）ほか。

訳者
福田　琢（ふくだ たくみ）

1963年埼玉県生まれ。大谷大学大学院博士課程満期退学。1995年より同朋大学文学部専任講師。現在、同朋大学文学部教授。専門はインド仏教学。共著書に『北朝隋唐　中国仏教思想史』（法藏館、2000年）、『龍谷大学仏教学叢書４　倶舎』（自照社出版、2015年）ほか。

マハーパジャーパティー
――最初の比丘尼――

二〇一五年九月二〇日　初版第一刷発行

著　者　ショバ・ラニ・ダシュ
訳　者　福田　琢
発行者　西村明高
発行所　株式会社　法藏館
京都市下京区正面通烏丸東入
郵便番号　六〇〇-八一五三
電話　〇七五-三四三-〇〇三〇（編集）
〇七五-三四三-五六五六（営業）

装幀者　熊谷博人
印刷　立生株式会社　製本　清水製本所

ISBN 978-4-8318-8178-6 C1015

ゴータマ・ブッダ　釈尊伝〈新装版〉　中村　元著　三、六〇〇円
釈尊と十大弟子　ひろさちや著　二、二〇〇円
ブッダとその弟子89の物語　ブッディスト・ストーリーズ　菅沼　晃著　二、三〇〇円
釈尊〈新装版〉　舟橋一哉著　一、五〇〇円
ブッダとサンガ〈初期仏教〉の原像　三枝充悳著　二、八〇〇円
インド仏跡ガイド　桜井俊彦著　一、八〇〇円
阿闍世のすべて　悪人成仏の思想史　永原智行著　三、〇〇〇円
仏弟子伝　山辺習学著　八、〇〇〇円
釈尊の生涯　豊原大成著　六〇〇円

価格は税別

法藏館